이 책을 읽고 난 후 느낌을 세 단어로 표현하자면 '감동', '사랑', '눈물'이다. 지금 교회학교 선생님들에게 가장 필요한 것들이다. 현재 교회학교 현장은 아이들의 인원 감소로 큰 위기 속에 있고, 그 안에서 사역하는 선생님들이 느끼는 부담은 자괴감과 좌절감으로 부정적 진화를 거듭하고 있다. 그러한 이때 선생님들에게 필요한 것은 따뜻한 격려라고 생각한다. 아무리 교회학교의 상황이 힘들어도, 교회학교의 희망은 선생님들에게 있기 때문이다. 이 책에는 감동과 사랑과 눈물로 교회학교 교사의 자리를 꿋꿋이 지키고 있는 오선화 작가의 따스한 마음이 담겨 있다. 그 따스함이 얼마나 큰지, 이 책을 읽고 나면 풀이 죽어 있고 지쳐 있는 선생님들에게 회복의 기운이 밀려올 것이라 믿는다. 지금 교회학교 현장에 계시는 선생님들뿐 아니라 주변의 어린이, 청소년들과 함께하는 모든 이들의 마음을 따뜻하게 해주는 책이다.

이정현 군산 드림교회 청소년부 목사,『중고등부, 믿음으로 승부하라』저자

내가 학교 교사의 삶을 선택한 것은, 지식을 전달할 뿐 아니라 제자들의 삶을 잘 돌보기 위함이었다. 성적에 상관없이 그들이 참 소중하고 의미 있는 존재라는 것을 알려주고 싶었다. 하지만 입시 기관으로 전락해버린 학교에서 이를 실현하기란 너무 어렵다. 아이들은 갈수록 심해지는 경쟁 속에서 황폐해지고 서툰 관계 맺기로 상처를 입지만, 그들의 마음을 깊이 만져주기가 쉽지 않다. 그런데 저자는, 교회학교 교사로서 아이들의 삶에 성큼 다가선다. 밤새도록 그들의 이야기를 들어주고 함께 울어준다. 그래서 이 책은 한없이 나를 부끄럽게 한다. 교사의 본분이 무엇인지, 학교가 할 일이 무엇인지 다시 한 번 살피게 한다. 초등학교 시절, 나를 위해 눈물로 기도해주시고 토스트를 맛있게 구워주셨던, 쌍용감리교회 전연희 선생님 생각이 났다.

김태현 백영고등학교 교사,『교사, 삶에서 나를 만나다』저자

"사랑하면 안 힘들다." 오선화 작가를 생각하면 이 한마디가 떠오른다. 오 작가는 찾아오는 영혼들에게 치킨을 사며 아까워하지 않는다. 밤낮으로 청소년들을 만나러 뛰어다니고 마음을 다해 사랑한다. 역시 사람을 변화시키는 힘은 능력이 아니라 진심이라는 걸, 오 작가를 보며 깨닫는다. 그 깨달음을 많은 이들과 공유할 수 있게 책으로 써주어 참 고맙다. 그 진심은 그녀뿐만 아니라 우리 모두에게 주어진 선물이라고 믿는다.

선물은 열어봐야 알 수 있다. 선물은 남에게 주지 않고 내가 사용하는 것이다. 이 책은 우리에게 주어진 진심이란 선물을 먼저 사용해본 사람이 쓴 리뷰다. 우리는 이 리뷰를 보며 우리의 진심을 더 잘 사용할 수 있을 것이다. 이 책을 통해 아이들을 온 맘 다해 사랑하고 지켜주는 제2, 제3의 써나쌤이 나타나리라 기대하고 응원한다. 이 책은 이미 아이들을 사랑하고 있는 쌤들에게도 큰 응원이 될 것이다. 아이들 곁에서 아이들과 함께하는 쌤들이 이 책을 읽으면 더욱 서로를 기대하고 응원하며, 자신들의 진심을 칭찬하며, 이 길을 더 힘차게 걸어갈 힘을 얻을 것이다. 사랑하는 동생, 늘 애쓰는 오선화 작가에게 박수를 보낸다.

전효실 방송인, 라이프코치, 커넥션교회 사모

교사, 진심이면 돼요

교사, 진심이면 돼요

오선화 지음

좋은씨앗

교사가 교사에게 건네는 토닥토닥 힐링 메시지

차례

선생님께 드리는 편지 • 10

**1부
진심이면
돼요**

우리, 진심은 여전히 있잖아요 • 14
진심의 관계를 형성하는 요소가 있어요 • 30
처음은 '공감'이에요/두 번째는 '포용'이에요/'신뢰'했으면 좋겠어요/'시간'과 '물질'이 필요해요
진심의 다이어리 • 106
진심값/절벽 끝에서/청소년이 좋다/너머/인생샷

**2부
사랑이면
돼요**

언제나 사랑이 먼저인걸요 • 120
받은 걸 돌려준 게 아니었어요/우리가 먼저 그 사랑에 젖었으면 좋겠어요
아이들에게 필요한 것이 있어요 • 131
우선 치킨이죠/이번에는 '품'이에요/이번에는 '편'이에요/그 다음은 '들어줌'이에요/이번에는 '기다림'이에요/마지막은 '한 사람'이에요

사랑할 때 기억할 게 있어요 • 170
'그래서'가 아닌 '그래도'예요/이번에는 '아이가 느낄 때까지' 하자고 말씀드릴게요/사랑은 '부메랑'이에요
사랑의 다이어리 • 196
사랑에서 온다/부메랑/식구/그냥 선생님/정말 사랑하나요

3부
마음이면 돼요

천국까지 함께 가고 싶은 마음이요 • 208
지금의 천국을 사는 마음도 중요해요 • 218
생각보다 아름답다는 것, 아세요?/생각보다 큰 일을 하고 있다는 것, 아세요?
마음의 다이어리 • 234
못난 마음/이런 생각/천국의 식사/예배/이 자리에 있는 이유

선생님께 드리는 편지

이 책을 펼친 선생님께.

교사로 살아가는 것, 어렵고 힘드시죠?

이 시대에 아이들을 품는 교사로 산다는 건 그리 쉬운 일이 아니라는 걸 잘 알고 있습니다. 저도 하루에도 몇 번씩 중얼거리거든요. 정말 그만둬야겠다, 정말 힘들다… 그러다가 한 아이가 회복되면 그 기쁨에 다시 하고 다시 하다가 지금도 하고 있지만요. 아마 선생님도 그러실 거라는 생각이 들어요. 힘들지만, 아이들을 만나며 얻는 기쁨이 참 크잖아요. 그래서 저는 이 자리에 조금만 더 함께하자는 부탁을 하기 위해 이 책을 쓰기 시작했습니다.

사실은 일일이 찾아뵙고 부탁드리고, 대화 나누고 싶은 마음이 큽니다. 하지만 제가 청소년들을 만나느라 그럴 여력이 없어요. 아이들의 이야기를 들어주는 것이 먼저이니, 교사 강의 요청도 다 응하지 못하고 있거든요. 그래서 책으로나마 대화를 나누고 싶었어요. 선생님 바로 앞에 앉아서 얘기 나누는 것처럼 편하게, 정직하고 솔직하게 적어보려고요.

다만, 한 가지 욕심이 있습니다. 이 책이 지친 선생님의 마음에 힘이 되는 선물이 된다면 좋겠어요. 꼭 그렇게 되기를 기도하며 진심을 다해 썼습니다.

    선생님, 그 자리에 계셔주셔서 정말 감사합니다. 아이들은 분명 선생님 덕분에 행복할 거예요. 그저 표현하지 않을 뿐이죠. 선생님의 진심이 아이들의 마음에 더욱 가까이 닿기를 기도합니다. 이만 줄일게요. 건강하세요.

2018년 봄

오선화 드림

1부

진심이면 돼요

우리, 진심은
여전히 있잖아요

저는요, 초등학교를 간신히 졸업한 권사님이 하버드 대학교를 졸업한 새신자를 가르칠 수 있는 곳이 교회라고 생각해요. 세상에서는 가르치는 자리에 있으려면 스펙이 꼭 필요하잖아요. 하지만 교회는 다르죠. 교회는 예수님의 사랑을 전하고 싶은 진심이 있으면 가능해요. 세상이 가지고 있는 스펙은 없어도 세상이 가질 수 없는 진심이 있다면, 교사를 할 수 있는 유일한 곳이 '교회'라고 생각해요. 아무리 세상이 발전하고 달라져도, 아무리 진심이 살아남기 힘든 세상이라고 해도, 그 사실만큼은 변하지 않았으면 좋겠어요.

가끔 교회 선생님들에게 질문을 받아요. 스펙이 없는 자신이 계속 교사를 해도 되냐고요. 아이들 입시도 도와줄 수 있고, 아이들이 가고 싶어하는 대학을 졸업한 교사가 더 필요한 것 같다고요. 그런 질문을 받을 때마다 저는 햇살 좋은 하늘에 먹구름이 드리우는 느낌이에요.

저도 알아요. 스펙 좋은 분들, 많죠. 지식을 가르칠 수 있는 사람은 넘치죠. 하지만 교회에서는 지식을 가르치는 게 아니잖아요. 교사가 아이들을 사랑할 뿐만 아니라 스펙까지 좋으면 좋겠다고요? 그래요, 그건 반대할 이유가 없어요. 이미 그런 분들이 있기도 하죠.

하지만 그런 분들이 스펙이 좋아서 교사를 하는 걸까요? 아니지 않을까요? 아이들을 사랑하고 싶은 진심이 있어서가 아닐까요? 공부를 잘해서 아이들에게 무료로 과외를 해주는 교회 선생님이 종종 계시잖아요. 그분들이 스펙이 좋아서 그런 걸까요? 스펙보다 더 좋은 진심이 아이들을 향하고 있어서 그런 것 아닐까요?

그런 분들을 보며 '나는 스펙이 좋지 않아서 교사 하면 안 되겠다'고 생각하는 건요, 운동화를 사러 갔다가 너무 예쁜 티셔츠가 있다고 운동화를 사지 않겠다고 말하는 것과 같아요. 그분들은 교사를 '스펙'으로 하는 게 아니라 '진심'으로 하는 거니까요. 예쁜 티셔츠를 발견한 것은 운동화를 사지 않는 이유가 될 수 없으니까요.

지식을 가르칠 수 없다고 슬퍼하지 마세요. 그 대학 못 가서, 그 직장 못 가서 세상에서도 한참을 웅크려 앉아 있었는데, 교회에서도 그럴 이유가 없잖아요.

아이들도 그래요. 아이들도 그 대학 못 갈까 봐 그 직장 못 갈까 봐 세상에서 웅크려 앉아 있어요. 거기에 못 가도 괜찮은데, 거기에 못 가면 인생에서 실패한 거라고 세상이 계속 거짓말을 하잖아요. 그 거짓말에 찌든 아이들이 교회에서도 선생님이 스펙이 안 좋아서 교사를 못한다고 하면, 세상의 말을 철석같이 믿게 되지 않겠어요? '아, 예수님 믿어도 스펙 없으면 안 되는 거구나'라고 생각하게 될 거예요. 무엇보다 아이들은 대부분 세상의 가르침에 지쳐 있어요.

그런 아이들에게 우리는 진정한 평안과 사랑을 담은 진심을 선물해줘야죠.

우리, 그 진심은 여전히 있잖아요.

세상에서 살면서 에스컬레이터에서조차 뛰느라 지쳐 있지만, 그렇게 뛰면서도 떨어뜨리지 않은 우리 진심이요. 그 진심이면 돼요.

처음 교사를 하겠다고 지원했을 때 기억나세요? 어떤 이유에서 교사를 하겠다고 하셨어요? 사람마다 이유는 다르겠지만, 어떤 이유에서든 진심이 있었을 거예요. 교사가 부족해

떠밀리듯 했다고 해도, 막상 시작할 때는 아이들을 잘 사랑해보겠다는 진심이 둥둥 떠오르잖아요. 그 진심 붙잡고 떠오른 거잖아요, 우리.

언젠가 교사 모임에서 한 분이 '한식 뷔페'에 넘어가서 교사가 됐다고 하시더라고요. 그랬더니 한 분이 "아, 억울하다. 나는 겨우 칼국수에 넘어갔는데" 하셨어요. 모임에 있던 사람들이 자지러지게 웃었죠.

우리가 떡볶이를 먹으며 교사 신청서를 썼든, 유명한 맛집에 가서 설득을 당했든 진심은 있었어요. 진심이 없었으면 패밀리 레스토랑에 열 번을 갔어도 교사에 지원하지 않았을 거예요. 물론 계속 교사를 하다 보면 도대체 왜 이 힘든 걸 하는지, 그때 먹은 칼국수를 뱉고 싶을 때도 있지만요. 그래도 계속했던 건 처음의 진심이 아직은 남아 있기 때문이에요. 아예 사라졌다면 이 자리를 지키고 있지 못할 거예요.

하지만 시간이 지나고 흐려져 그 진심이란 게 뭔지 헷갈리기도 하죠. 둥둥 떠올라 눈앞에 훤히 보이던 진심이 어느새 가라앉아 잘 보이지 않기도 하죠. 저도 그래요. 그럴 때마다 저는 처음의 마음을 떠올려요. 제가 처음에 청소년들을 '쉬키루'라고 부르던 그 마음이요.

'쉬키루'가 무슨 뜻인지 아시겠어요? 제가 만든 말인데요. '새끼'라는 뜻이에요. 욕은 아니고요. 내 자녀를 뜻하는 '내 새끼'요. 저에게 주어진 영혼이 어떤 영혼이든 상관없이 '내 새끼'로 품고 사랑하겠다는 결심이 있었거든요, 저의 처음에. 그래서 내 새끼들이라고 불렀는데, 다른 사람들이 듣기에는 욕으로 느껴지는 모양이더라고요. 그래서 제 방식대로 순화해서 '내 쉬키', '내 쉬키루'라고 부르기 시작했어요.

사실 제가 처음 품었던 영혼은 청소년이 아니라 태아였어요. 임신 우울증을 심하게 겪으며 『성경 태교 동화』(강같은평화)라는 책을 썼고요. 그 책이 알려지면서 고민을 했죠.

'이 책은 나 말고 또 누구를 위한 책일까?'

왜 이런 고민을 했냐고요? 『성경 태교 동화』는 하나님이 주신 마음으로 쓴 책이거든요. 저는 하나님이 주신 마음은 저 혼자만을 위한 것은 아닐 거라고 생각해요. 그래서 무슨 일을 시작할 때 이것이 하나님이 주신 마음으로 시작되는 일이라면 또 누군가와 나눠야 하는지 고민을 하곤 해요.

『성경 태교 동화』가 나왔을 때도 그랬던 거예요. 한참 고민을 하다가 '태교학교'를 열기로 했어요. 저처럼 마음이 힘든 임산부들에게 하나님이 저에게 주신 위로를 나누기로 한 거예요. 다행히 교육부 목사님이 제 의견에 동의해주셨어요. 태교에 대한 고민을 하고 계셨더라고요. 목사님의 도움으로 교육부 안에 태아부를 만들고, '헬로 베이비 태교학교'를 열었어요. 임산부들과 함께 동화를 읽고, 딸랑이를 만들고, 음악을 들으며 행복한 시간을 보내게 되었죠.

태교학교를 연 지 1년쯤 지나서 청소년들을 만나게 되었어요. 놀이터에서 '연기 나는 막대사탕'을 물고 있는 아이들과 얘기를 하게 된 거예요. 아이들이 배고프다고 해서 치킨을 사주게 되었고요. 또 치킨이 먹고 싶으면 찾아오라고 했죠. 그랬더니 진짜 오는 거예요. 시간이 지나면서 치킨을 함께 먹는 아이들이 늘어나기 시작했죠.

'왜 이 아이들을 만나게 하실까? 무슨 이유일까?'

아무리 고민해도 이유를 모르겠더라고요. 하나님이 주신 마음으로 임신부들과 사랑을 잘 나누고 있는데 갑자기 청소년들이라니요? 청소년들을 만나겠다고 마음을 먹었던 적도 없고, 기도한 적도 없는데요. 우연은 없다고 믿지만 우연이라고밖에 설명할 수 없는 일이었어요.

'하나님, 무슨 뜻이 있으신 거예요?'

아무리 기도하며 물어도 뜻을 알 수는 없었죠. 그저 고민하고 기도할 뿐이었죠. 그러던 어느 날, 좋은 생각이 났어요.

'아, 애들을 교회에 데리고 가면 좋겠다. 그럼 하나님도 좋아하시겠지. 교회에 함께 가는 걸 싫어하실 리는 없으니까.'

저는 함께 치킨을 먹는 아이들에게 물었어요.

"너희 교회 갈래?"

"싫어요."

아이들은 단호하게 거절을 했어요. 제가 다시 물었죠.

"교회 끝나고 치킨 먹을 거야. 교회 갈래?"

"네."

역시 질문은 상대방의 눈높이에서 해야 돼요. 그 대답에 웃음이 났어요. 대답도 웃겼지만, 아이들과 교회에 함께 간다는 사실에 기뻤죠.

저는 아이들을 데리고 교회에 갔어요. 시선이 좋지 않았어요. 정말 그건 예상하지 못했던 일이었어요. 새생명 축제를 해도 새로운 사람이 많이 안 오는데, 저는 행사도 없이 아이들을 데리고 간 거잖아요. 누가 봐도 칭찬받을 일이라고만 생각했어요. 지금 생각해보면 이해되지만 그때는 정말 이해되지 않았어요.

저희 아이들이 무지개거든요. 빨간 머리, 주황 머리, 노란 머리, 초록 머리… 눈에 띄지 않을 수가 없죠. 기존에 교회를 나오던 아이들보다 더 특별하니까요. 우리 자녀하고 놀아도 되는 아이인가, 걱정이 되실 수도 있고요. 제가 예상하지 못했을 뿐 충분히 있을 수 있는 일이었죠. 속상했지만 문제가 되지는 않았어요. 아이들과 함께 예배드리는 걸 하나님은 좋아하실 거라 믿었으니까요.

그런데 문제는 있었어요. 아이들도 교회를 싫어했거든요. 그것도 저만 예상을 못했을 뿐 충분히 있을 수 있는 일이었죠. 아이들이 보기에 교회는 모범적인 아이들만 올 수 있는 곳 같았대요. 게다가 중등부, 고등부란 이름이 싫었대요. 학교를 다니지 않는 아이들도 있는데, 학교 다니는 아이들만 올 수 있을 것 같은 이름이라고 하더라고요. 그 얘길 듣는데 참 미안했어요. 아이들에게 오라고 해놓고 아이들의 입장은 하나도 배려하지 못한 것 같아서요.

그래서 참 고민이 많았는데, 교육부 담당 목사님이 제의를 하셨어요. 저랑 태교학교를 함께 만들어주셨던 그분이요. 이름 밝히는 걸 싫다고 해서 본명은 거론하지 못하지만, 참 고마운 분이랍니다. 아마 그 목사님이 아니었다면 아이들을 교회에 데리고 가는 일을 포기했을지도 몰라요.

목사님은 교회에 적응하기 어려워하는 아이들을 위한 반을 하나 만들라고 제안하셨어요. 학교에 다니든 다니지 않든 상관없이, 학년도 상관없이 들어올 수 있게 반을 만들고 제가 교사를 하면 좋겠다고요. 고민이 많이 되었어요. 거리에서 아이들과 만나고 치킨을 먹고 얘기를 나누는 건 하겠는데, 교회 안에서는 힘들 거라 생각했어요. 고민하면 할수록 생각이 많아지고 마음이 복잡해졌어요. 하지만 답은 처음에 있더라고요. 처음에 아이들을 교회에 데리고 가겠다고 마음먹었던 것, 하나님이 좋아하실 거라 믿었기 때문이었어요. 그 처음을 떠올리니 단순해졌어요.

'그래, 힘들어도 하나님이 좋아하시는 일이라면 하자.'

다른 건 생각하지 않고 그것만 생각하기로 했어요.

목사님은 반 이름을 정하라고 하셨어요. 그럼 다른 반들도 이름을 정하게 하겠다고요. 다른 반들은 학년에 따른 반이었기 때문에 반 이름이 1학년 1반, 2학년 1반… 이런 식이었거든요. 모든 반을 학년과 상관없이 다시 짤 수는 없으니, 반마다 이름을 정하겠다는 말씀이었어요. 정해진 틀 안에서 최대한 공평하게 할 수 있는 방법이었죠. 다른 아이들에게 피해를 주지 않으면서 우리 아이들을 배려할 수 있는 방법이었어요. 지금 생각해도 눈물나게 감사한 일이죠.

우리 반 이름은 '비전반'으로 정했어요. 한 어른이 저희 아이들을 보고 "비전이 없는 아이들을 데리고 뭐하고 다니냐"는 질문을 던졌거든요. 그 질문에 화가 났는데 따질 수는 없었어요. 뭐라고 따질지 생각나지도 않았고요. 너무 억울하면 눈앞이 하얘져서 무슨 말을 해야 할지 떠오르지 않잖아요. 꼭 나중에 생각나죠. 밤에 자려고 누웠는데 그제야 떠올라 이불을 차면서 일어나잖아요. 아이들이 그렇게 이불을 차는 걸 '이불킥'이라고 하는데요, 제가 그날 밤 이불킥을 하면서 일어났어요. 정말 기가 막힌 대사가 떠올랐거든요.

"사람의 눈에는 비전이 보이지 않을지 모르지만, 하나님의 눈에는 비전이 보이는 아이들입니다."

이 대사였어요. 기가 막히죠? 아, 이렇게 괜찮은 대사가 왜 하필 자정이 다 된 시간에 생각나는지 참 속상하더라고요. 그렇다고 그 밤에 가서 따질 수도 없잖아요. 그저 안타깝기만 했는데, 문득 좋은 생각이 났어요.

"아, 그럼 반 이름을 비전반이라고 하면 되겠다. 하나님의 눈에는 비전이 보이는 아이들의 반! 비전반이라고 하자."

그 생각을 하니 마음이 편해지더라고요. 역시 작가의 표현답다고 할 만큼 멋진 표현은 아니지만 우리 아이들에게는 딱 맞는 이름이었어요. 기분이 좋아졌죠. 다시 잠자리에 누워 다리 뻗고 단잠을 잤어요. 이후에 얼마나 정신없이 살게 될지

전혀 예상하지 못했던 것 같아요.

저의 삶은 밤낮이 달랐어요. 이중인격을 가진 사람처럼 낮과 밤의 인격이 달라지는 것 같았죠. 낮에는 임산부들과 함께 고상한 목소리로 동화를 읽었어요. 제 입에서 나오는 말도 참 고상했죠.

"자, 동화를 읽을 시간이에요. 배 속의 아가에게 우리 같이 책 읽자고 말해주세요."

"오늘은 우리 아기들을 위해 배냇저고리를 만들어볼게요."

"오늘도 아기와 함께 태교학교에 오신 여러분을 환영합니다."

주로 이런 말들을 했으니까요.

하지만 밤이 되면 달라져요. 무슨 구미호도 아닌데 밤이면 나와서 아이들에게 치킨을 먹이죠. 아이들이 사고를 치면 경찰서로 찾으러 가고요. 어느새 욕은 입에 붙어서 욕하면서 아이들을 잡으러 다녔어요.

"이놈의 쉬키야. 정말 계속 이럴래?"

"아, 개나빠. 또 이러면 어떡해!"

"자꾸 이러면 18색 크레파스 사준다!"

밤에는 주로 이런 말들을 했죠.

이렇게 낮과 밤이 다른 인생을 살다 보니 정신착란이 올 것 같았어요. 정신착란이 올 시간도 없었다는 게 다행이었는지도 몰라요. 어느새 그렇게 시간은 흘러가고 저도 모르게 그 삶이 자연스러워졌어요. 하지만 궁금하긴 하더라고요. 이렇게 살겠다고 결심한 적도 없고, 각오를 한 적도 없는데 왜 이렇게 살게 되었는지요. 무슨 뜻이 있는지요. 그래서 하나님께 물었죠. 기도하면서 엄청 따졌어요.

"하나님, 왜 저한테 이렇게 안 어울리는 거 시키세요? 하나님 뜻이 뭔가 있다는 건 알겠는데 그게 뭔지는 잘 모르겠어요. 태교랑 청소년 돌봄을 한 사람이 하는 건 너무 이상하지 않아요?"

하늘에서 우렁찬 목소리가 들릴 거라고 기대하지는 않았지만, 그래도 마음의 감동쯤은 기대했는데 아무런 느낌이 없었어요. 시간이 지나도 하나님의 답은 들리지 않았어요. 뜻을 알 수도 없었죠. 그런데 계속 그렇게 따져 묻다 보니 마음에 쏙 들어오는 두 단어가 생기긴 했어요. '내 새끼'와 '자궁'이라는 단어였어요.

처음 임신 사실을 알고 병원에 갔을 때가 떠올랐어요. 의사 선생님이 "임신입니다"라고 확인해주었을 때 감동이 온몸을 감싸더라고요. 그저 아주 작은 점을 '내 새끼'라고 했는데, 그 점이 어떻게 내 새끼냐고 의문을 제기하지도 않았어요. 그 점이 말 안 듣는 아이로 자란다면 내 새끼라고 하지 않겠다고 말하지도 않았어요. 그냥 의사 선생님이 확인해준 그 순간부터 그 점은 그냥 '내 새끼'였어요. 다른 이유는 없어요. 제 '자궁' 속에 자리한 '내 새끼'잖아요.

바로 그거라는 생각이 들었어요. 하나님이 저에게 영혼을 맡기면 '내 새끼'인 거죠. 그 영혼이 태아이든 청소년이든, 빨간 머리이든 노란 머리이든, 사고를 치든 담배를 피우든 상관없어요. 아주 작은 점을 '내 새끼'라고 했을 때 아무런 의심이 없었던 것처럼 어떤 모습의 아이든 '내 새끼'로 주시면 '내 새끼'인 거죠. 의심할 여지가 없잖아요. '자궁'에 '내 새끼'를 품듯 품으면 되는 거죠. 이 세상에서 바로 설 수 있을 때까지, 다시 일어나 걸을 수 있을 때까지 품어야 하는 거죠. 출산할 때까지 '자궁'에 '내 새끼'를 품는 것처럼요.

'그렇지. 내 새끼인 거지. 하나님이 주셨으면 의심하지 말아야지. 그동안 내가 뭘 고민한 거지? 그저 내 새끼인 건데…'

이 생각이 드니 뺨 위로 뜨거운 눈물이 흘렀어요. 너무 큰 깨달음이었죠. 그 이후에는 어떤 영혼이 주어지든 상관없었어요. 하나님이 저에게 보내신 '내 새끼'니까 당연히 품었어요.

다른 누구도 아닌 저에게 주어진 '내 새끼'니까 함께 울고 함께 웃고 함께 먹었죠.

저는요, 이 책을 읽는 선생님도 다르지 않을 거라고 생각해요. 감동의 모양은 각자 다르겠지만, 감동 속에 자리한 진심의 정체는 같을 거라고 생각해요. 진심의 정체는 우리에게 주어진 영혼이 어떤 영혼이든 상관없이 사랑하고 싶은 마음이잖아요. 하나님이 나에게 보내신 영혼을 진심으로 품고 싶은 마음이잖아요.

세상에서는 보이는 것으로 쉽게 판단해요. 노란 머리니까 문제아일 거야, 오토바이를 타고 다니니까 사고치는 아이일 거야, 담배 냄새가 나니까 내 자식과 놀게 하면 좋지 않을 거야… 이렇게 판단해버리잖아요.

하지만 하나님의 나라에서는 달라요. 좋지 않은 모습이 보이더라도, 마음에 들지 않더라도, 우리에게 주어진 영혼이라면 '한 가족'으로 생각하잖아요. 우리의 판단은 하늘에 맡기고, 우리가 받은 사랑을 전하잖아요. 그러니까 당연히 '내 새끼'는 '한 가족'으로 품어야죠. 배 속의 아기가 태어날 때까지 품는 것처럼 출산할 수 있을 때까지요. 한 영혼이 예배자로 설 때까지, 하나님이 정말 그렇게 만드실 그날이 올 거라 믿으면서요.

배 속의 아기가 예정일보다 빨리 나올 수도 있고, 늦게 나올 수도 있지만 분명히 나오긴 하잖아요. 예정일이 정해져 있어도 출산일은 정확히 예상할 수 없지만 계속 배 속에만 있는 아기는 없잖아요. 배 속의 아기를 둔 엄마는 아기를 빨리 만나보고 싶어하죠. 두렵고 불안해지기도 하고요. 정말 아기가 태어날 날은 언제일까 궁금해 하기도 하죠. 확실한 건 분명히 아기는 태어난다는 거예요. 그날이 올 때까지는 자궁 안에 품고 있어야 하잖아요. 우리에게 주어진 영혼들도 마찬가지예요.

우리에게 주어진 영혼이 어떤 영혼이든 상관없이, 출산할 때까지 품고 사랑하겠다는 마음을 잊지 말아주세요. 그 진심의 정체를 꼭 기억해주세요. 이미 잊으셨다면 선생님의 마음속을 자세히 들여다보세요. 오래전에 구입하고는 읽는 걸 깜박 잊었던 책처럼 어느 한구석에 먼지가 쌓인 채로 놓여 있을 거예요. 그걸 잘 집어서 다시 꼭 붙잡아주세요.

마음 밖으로 나갔을지도 모른다고요? 아니요. 저는 믿어요. 이 책을 읽고 있는 선생님은 여전히 진심을 간직하고 계시다는 것을요. 그 진심이 없었다면 이 책을 읽지 않으셨을 거예요. 아이들을 더 사랑하기 위해 굳이 책까지 읽으며 노력하고 계신 거잖아요. 그런 선생님에게 진심이 없을 리 없어요.

 진심을 잘 찾아 펼쳐주세요. 이제 그 진심의 여백에 필기를 시작하시면 돼요. 처음 적으실 것은 '진심의 관계'입니다.

진심의 관계를
형성하는 요소가 있어요

책을 읽는 선생님에게, 그리고 선생님의 진심에 감사하며 이야기를 본격적으로 시작해보려고 해요. 먼저 시작할 이야기도 '진심'에 관한 거예요. 아이들과 진심의 관계를 형성하는 요소들을 알려드릴 거예요.

  주의할 사항이 하나 있는데요, 아이들을 '쉬키'라고 부르는 표현이 많이 등장한다는 점이에요. 앞에서 말씀드렸다시피 아이들이 우리 '새끼'잖아요. '새끼'는 참 좋은 표현인데요, 이상하게 욕으로 더 많이 사용되고 있죠. 그래서 제가 그 표현을 개인적으로 순화해서 만든 표현이 '쉬키' 혹은 '쉬키루'예요. 이 책에도 자연스럽게 그 표현이 들어갈 텐데, 그 표현을 보실 때 욕이라고 오해하지 마시고, '내 새끼'라는 뜻인 걸 알아주세요. 그럼 진심의 관계를 어떻게 형성하면 되는지 알아볼게요.

처음은 '공감'이에요

어느새 함께 치킨을 먹는 아이들이 하나 둘 늘기 시작했어요. 무지개를 넘어 신호등들이 저를 찾아오기 시작했죠. 머리 색깔이 빨강, 노랑, 주황, 파랑… 정말 찬란했거든요. 왜 하나님이 저에게 이런 찬란한 영혼들을 맡기시는지 처음에는 무척 궁금했지만, 우연은 없다고 생각했어요. 쉬키들을 점점 내 새끼로 품는 데 익숙해지고 있었죠.

하지만 익숙해지지 않는 게 하나 있었어요. 아이들의 뒷모습이요. 저를 만나고 돌아가는 아이들의 뒷모습을 보면 마음이 너무 힘들었어요.

저를 만나고 돌아가도 상황이나 문제는 나아지지 않잖아요. 저를 만나서 함께 울고 위로받는다고 해도 문제는 여전히 문제이니까요. 그 생각이 드니 마음이 너무 아팠어요. 함께 울고 함께 웃는 것으로는 아무것도 해결할 수 없다는 무력함이 제 마음에 자리를 잡고 앉아 이렇게 말했죠.

"너를 만나고 돌아간다고 집 나간 엄마가 돌아오는 거 아니야."

"네가 마음을 알아준다고 아이의 엄마, 아빠가 재결합하는 건 아니야."

그런 소리에 참 오랫동안 힘들기만 했던 것 같아요. 그런데 어느 순간, 이런 생각이 들더라고요.

'내가 뭐하고 있는 거지? 해결할 수 없다고 해도, 내가 해줄 수 있는 게 있을 텐데…. 그걸 찾아서 해줘야지, 왜 이렇게 주저앉아 있는 거지?'

그런 생각 끝에 마음을 샅샅이 뒤져보았어요. 내가 해줄 수 있는 게 뭘까? 그 물음표는 옥상에 걸린 빨랫줄처럼 길기만 했어요. 아무것도 걸려 있지 않은 것 같았죠. 그런데 빨랫줄 끝에 딱 하나가 걸려 있었어요. 그건 '편지'였어요.

'글을 쓰는 건 자신 있으니 편지를 써주자. 힘들 때마다 꺼내서 볼 수 있게, 진심을 가득 담은 위로의 편지를 써주면 좋겠다.'

그런 생각이 든 거죠. 바로 실행에 옮겼어요. 아이가 집으로 돌아가고 나면 편지를 써서 보내주었죠. 손편지를 쓰기도 하고, 깨톡이나 이메일로 보내기도 했어요. 아이들이 너무 좋아해서 제가 더 좋았죠. 힘들 때마다 편지를 읽어본다는 아이들이 늘어났어요.

그러던 어느 날, 편지를 받은 한 아이가 그러더라고요. 이 편지를 페이스북에 올려줄 수 없겠냐고요. 무슨 마음인지 알겠더라고요. 우리 안에 사랑받는 걸 알리고 싶은 마음이 있잖아요. 내 연인이 나를 사랑한다는 걸 알지만 전광판에 나오는 프로포즈를 받으면 더 행복할 것 같은 기분이요.

"응, 알겠어. 어려운 거 아니야. 올려줄게."

저는 아이의 말대로 페이스북에 편지를 올려주었어요. 아이의 실명은 밝힐 수 없어서 '오늘 만난 청소년 쉬키루에게'라는 제목으로요.

그런데 신기한 일이 일어났어요. A한테 쓴 편지를 올렸는데 B에게 연락이 왔어요. '쌤 감사해요. 저 살아볼게요'라고요. 또 C에게 연락이 와서 '감사합니다. 저 너무 많이 울었어요. 힘낼게요'라고 했고요. 이후에도 편지를 올리고 나면 여러 아이들의 메시지가 도착했어요.

이상했어요. '오늘 만났던 아픈 쉬키루에게', '오늘 너무 힘들었다는 쉬키루에게' 이런 식으로 제목을 달았으니 오늘 만난 아이에게 쓴 편지인 게 확실하잖아요. 나를 만나러 온 아이가 아니면 자기에게 쓴 편지가 아니라는 걸 당연히 알 수 있을 거고요. 그런데 그걸 알면서도 '이거 저한테 하신 이야기죠? 힘이 나요'라는 메시지가 오는데, 이건 뭘까 싶더라고요. 그런데 계속 그런 일이 반복되니 왜 그런지 알겠더라고요.

인간의 고민이란 게 사실 다 꺼내놓고 보면 비슷하잖아요. 내 고민만 놓고 보면 그게 제일 커 보이지만, 사실은 아닌 경우가 많잖아요.

제가 대학교 1학년 때요, 첫 미팅을 앞두고 있을 때였어요. 얼마 있으면 미팅인데, 그것도 태어나 처음으로 하는 미팅인데, 왼쪽 볼에 여드름이 하나 크게 난 거예요. 진짜 예쁜 모습으로 나가고 싶은데, 평소에 나지 않던 여드름이 왜 그때 났는지 너무 신경이 쓰였어요. 매일 아침 거울을 보며 여드름을 확인하는데 날이 갈수록 점점 더 커지는 거예요. 여드름 때문에 미팅은 다 망했다고 생각했어요. 결국 미팅 전날에 미팅을 주선한 친구에게 말했죠.

"나, 미팅 못 나가겠어."

"왜?"

"이 여드름… 너무 커서 보기 싫잖아."

친구는 내 얼굴을 유심히 살피며 말했어요.

"도대체 어디에 여드름이 났다는 거야?"

"야, 너, 나 놀리는 거지? 여기 있잖아. 멀리서도 잘 보일 텐데 뭘 그렇게 찾아!"

제가 여드름을 가리키며 핀잔을 주니 친구가 말했어요.

"아, 이거… 뭐 이 좁쌀만한 게 문제냐? 이거보단 니 얼굴이 더 문제니까 괜찮아."

그때 알았죠. 나에게는 한강의 유람선처럼 보이는 문제가, 남에게는 양곡장의 좁쌀 한 알로 보일 수도 있다는 것을요.

아이들도 그랬던 거예요. 혼자 끙끙 앓고 있을 때는 여드름도 산처럼 커보이는 거죠. 하지만 또 다른 친구도 비슷한 고민으로 앓고 있다는 걸 알게 되면 "걔도 그래요? 나도 그런데!" 하며 힘을 얻는 거죠. 우리 다 여드름이 나 있을 뿐이구나, 하고 마음이 놓이는 거예요.

그게 공감의 힘이기도 하고요. 누군가 같은 고민을 가지고 살고 있고, 누군가 내 맘을 알아준다고 느끼니 힘이 나는 거예요. 그래서 저는 '공감'이 참 중요하다고 생각해요.

제가 처음 비전반을 만들고 나서 엄청 부흥시키고 싶었어요. 머리 색깔부터 찬란한 애들이 교회에 가니까 시선이 좋지 않았거든요. 모두 그런 시선을 보낸 것도 아닌데, 그때는 왜 몇 분의 그런 시선이 그렇게 아팠는지 모르겠어요. 안 좋은 시선이 느껴질수록 저는 보란 듯이 더 숫자를 늘리고 싶었어요.

일종의 반항심이었던 것 같아요.

지금 생각하면 참 부끄럽고 어리석은 생각이에요. 한 영혼이 천하보다 귀한 건데 숫자로 승부하려고 했으니까요. 나중에 깨닫고 얼마나 회개했는지 몰라요. 하지만 그때는 그 모자란 생각에 매달려 있었는데, 그 모자람까지도 하나님이 사용하셨던 것 같아 그저 감사하죠.

저는 먼저 교육부에 보관되어 있는 장기 결석자 명단을 출력했어요. 새생명 축제 때 한 번 와서 선물받고 떠난 아이들부터 중등부 올라오면서 교회에 나오지 않는 아이들까지 명단이 정말 끝도 없더라고요. 그때는 그 아이들 전부를 전도하고 싶었어요. 물론 마음은 원이로되 체력은 한계가 있었지만요. 우선 하는 데까지 해보자 싶었어요. 아이들 이름 하나하나를 부르며 기도하기 시작했죠.

그런데 그 많은 아이들 중 한 아이의 이름이 마치 매직아이처럼 톡 튀어나오는 느낌을 받았어요. 이름이 특별해서 그런지, 계속 그 이름이 마음에 남았죠. 저를 응원해주시는 몇 분에게 기도 부탁을 드렸어요.

"저, 철수(가명) 먼저 전도하려고요. 기도해주세요."

응원군들은 난색을 표했어요.

"야, 걔는 안 돼. 걔 일진이야."

"그래, 그 아이 한 명 전도하는 것보다 다른 아이 열 명을 전도하는 게 더 쉬울걸?"

"그래, 걔 싸움짱이기도 하대."

그런 아이인지는 몰랐어요. 그냥 마음에 오래 남는 이름이라, 그 아이에게 먼저 연락해봐야겠다는 단순한 마음이었어요. 그렇다면 아이에 대한 부정적인 정보를 듣고는 망설여져야 하잖아요. 그런데 왠지 더 연락해봐야겠다는 생각이 들었어요. 아이를 만나기도 전에 그런 정보를 들으니 두려워지기도 했지만, 그렇다고 마음이 흔들리지는 않았던 것 같아요.

"우선 해볼게요. 기도해주세요."

저는 다시 기도 부탁을 하고, 그 아이에게 전화를 걸었어요. 모르는 번호여서 안 받을지도 모른다고 생각했는데 받더라고요.

"여보세요."

꽤 묵직한 음성이었어요. 저는 떨리는 목소리로 설명하기 시작했어요.

"있잖아, 나는 ○○교회 써나쌤이라고 해. 우리 교회에 비전반을 만들었는데 비전반은 엄청 재미있어. 학교 안 다니는 아이들도 많아. 그냥 재미있게 놀고 이야기하는 모임이니까 너도 올 수 있으면 좋겠어."

도대체 제가 무슨 말을 하는지 잘 모르겠더라고요. 일진이란 얘기를 들어서 그런지, 막상 통화를 할 때는 무척 떨렸어요. 전혀 모르는 아이에게 전화한 건 처음이니 더 떨렸던 것 같아요. 아이는 제 말이 끝나자 "네" 하고 대답했고요. 저는 "그래, 또 전화할게" 하고는 서둘러 전화를 끊었죠.

며칠 후, 저는 다시 용기를 내서 철수에게 전화를 걸었어요. 철수는 전화를 받지 않았죠. 휴대폰으로 해도 안 받고, 집 전화로 해도 안 받았어요. 교회 전화로 해도 안 받고, 공중전화로 해도 안 받았어요. 마치 제가 전화하는 걸 보고 있는 사람처럼 전화를 계속 안 받는 거예요.

고민이 되었죠. 그만해야 하나? 다른 방법으로 연락을 해봐야 하나? 무슨 방법이 있을까? 그때 다른 방법이 생기지 않았다면 그만했을지도 몰라요.

그런데 기가 막히게 좋은 '다른 방법'이 생겼죠. 우리의 연락망을 구원해준 스마트폰이 출시되었거든요. 게다가 너무 사랑스러운 깨톡이 등장했어요(깨톡은 오타가 아니고요, 특정 브랜드명이라 비슷하게 바꾼 거예요). 실시간으로 연락을 주고받을 수 있다니, 게다가 무료라니… 쉬키들과 수시로 연락해야 하는 저에게는 정말 하늘의 선물 같았어요.

저는 철수에게 깨톡을 남기기 시작했죠. 철수가 당연히 답을 할 거라고 생각했어요. 하지만 그건 저만의 오해였죠.

'철수야, 뭐하고 있어?'

'철수야, 내일 교회 올 수 있어?'

'우리 오늘은 소풍 갔는데. 다음 주는 영화 보러 가려고. 오지 않을래?'

'우리 다음 주는 당구장에서 공과하고, 짜장면 시켜 먹을 거야. 너도 오면 좋겠다.'

제가 남긴 깨톡은 날이 갈수록 늘어갔어요. 답장은 하나도 오지 않았어요. 그래도 희망은 있었죠. 깨톡 옆에 숫자 1이 떠 있었거든요. 읽지 않았다는 거잖아요. 아, 아직 깨톡을 설치하지 않았나보다, 아직 깨톡 사용법을 모를 수도 있겠다… 그렇게 생각했어요.

그런데 어느 날, 제가 깨톡을 남기고 있는데, 무수히 떠 있던 1이 순식간에 사라지는 거예요. 제가 메시지를 쓰고 있을 때 철수가 다 읽은 거죠. 아, 정말 기뻤어요. 이제 답이 오겠다고 생각하며 설레었죠.

그 설렘이 추락하는 데는 그리 오랜 시간이 걸리지 않았지만요. 아이가 '읽씹'을 하는 거예요. '읽씹' 아시죠? 깨톡을 읽었는데 답이 없는 걸 읽씹이라고 해요. 읽고 씹는다고요. 읽씹 당해보셨어요? 기분 되게 이상하잖아요. 제가 이래 봬도 좋아하는 남자를 쫓아다닌 기억이 없거든요. 그런데 마치 이 남자애를 계속 쫓아다니는데 이 남자애는 쳐다보지도 않는 느낌이 드는 거예요. 어디에 있었는지도 몰랐던 자존심이 추락하는 소리가 들렸죠.

그런데 참 웃기게도요, 거기서 그만두기는 너무 아까운 거예요. 오기도 생기고요. 해보는 데까지는 해보자 싶어 그 이후로도 열심히 메시지를 남겼어요. 두 달쯤 지났는데, 더는 안 되겠더라고요. 저 스스로 미친 사람 같기도 하고 싫다는데 뭘 이렇게 목숨거나 싶기도 하고요. 부정적인 말은 힘을 비축해두었다가 우리가 힘이 빠졌을 때 공격하곤 하잖아요. 그 아이가 일진이고 싸움짱이고, 그 아이 한 명을 전도하느니 다른 아이 열 명을 전도하는 게 낫다는 말이 그 순간 저에게 훅 오더라고요.

그래, 안 되는 거야… 그런 애는 원래 할 수 없는 거였어… 진짜 마지막으로 한마디를 건네고, 그래도 답이 없으면 포기하자. 그렇게 생각하고 남긴 말이 '철수야, 오늘 날씨 정말 좋지?'였어요. 물론 답은 없었고요. 이제 할 만큼 했다 싶었죠. 기도도 그렇게 했어요.

"하나님, 저 진짜 할 만큼 한 거 아시죠? 제가 이 영혼 구하려고 엄청 부지런하게 연락한 거 아시죠? 그런데 이 아이는 아닌가 봐요. 내일부터는 다른 아이에게 연락하는 게 낫겠어요. 이 아이에게 연락 그만하는 거 허락해주세요."

사실 허락이 아니라 통보였죠. 하지만 허락받았다고 우기며 잠자리에 들었어요. 그런데 그날 새벽 2시 반에 스피커에서 깨톡 알림음이 울렸어요.

제가 지금은 안 그러는데요, 청소년들 처음 만나고 나서 몇 년 동안은 휴대폰을 스피커에 연결해놓고 잤어요. 새벽에 아이들에게 문제가 생겨 경찰서나 병원에서 연락이 오는데 자느라고 전화 벨소리를 못 들은 적이 몇 번 있거든요. 그 이후에는 잠이 들면 연락을 못 받을까 봐 걱정이 되는 거예요. 그래서 스피커를 연결해놓고 잤어요. 스피커에서 울리는 소리를 듣지 못할 확률은 적으니까요.

철수에게 마지막 깨톡을 남긴 날도 잠을 자다가 스피커에서 알림음이 울려서 깼어요. 휴대폰을 들어 게슴츠레한 눈으로 깨톡을 보고는 벌떡 일어났죠. 저는 눈을 비비며 다시 깨톡을 확인했어요. 거짓말 같았거든요. 그런데 다시 봐도 사실이었어요. 글쎄, 철수에게 답장이 온 거예요.

'네, 날씨 정말 좋네요.'

진심의 관계를 형성하는 요소가 있어요

이렇게요. 저는 꿈을 꾼 줄 알았어요. 거실로 나와 콜라를 마시고 다시 봤죠. 꿈이 아니었어요. 몇 번을 봐도 진짜였어요. 날씨가 좋다고 답이 온 거예요. 새벽 2시 반에요. 아무리 제가 날씨 좋냐고 물었지만, 새벽 2시 반은 좀 아니지 않아요? 새벽 2시 반의 날씨도 좋을 수 있다는 거, 저는 그날 처음 알았어요. 사실 시간이 뭐 중요했겠어요? 그저 철수가 답을 해주었다는 사실이 너무 기뻤을 뿐이죠.

그 다음에는 더 기쁜 일이 일어났어요. 철수가 읽씹하는 개수가 줄어든 거예요. 그전에는 스무 개의 깨톡을 다 씹고 나서 답을 했다면 그 다음에는 열 개 읽씹하고 답을 하고요, 그 다음에는 세 개 읽씹하고 답을 하고요, 그러다가 시간이 더 지나서는 깨톡 하나를 보내면 바로 답을 하는 거예요. 이걸 바로 답한다고 해서 아이들이 '칼답'이라고 하는데요, 칼답을 받고 나서는 정말 기분이 좋았죠. 이제 대화를 하게 된 거니까요.

그러다가 좀 더 친해지니까 웃기지도 않는 말인데 ㅋㅋㅋ를 붙였어요. 아이들하고 깨톡해보신 분들은 아시죠? 꼭 ㅋㅋㅋ가 붙잖아요.

'네, 갈게요 ㅋㅋㅋ'

'알겠어요, 쌤 ㅋㅋㅋ'

이러잖아요. 그 다음에 더 친해지면 대화와 함께 이모티콘을 붙이죠. 그리고 더 친해지면 먼저 말을 걸어요. '쌤 뭐해요? ㅋㅋㅋ' 하면서요. 이 단계까지 오면 게임 끝이에요. 이게 아이들과 깨톡으로 친해지는 순서거든요. 처음에 읽씹하다가 나중에 읽씹 횟수가 줄어들고요, 그 다음에는 칼답을 하고 ㅋㅋㅋ를 붙이죠. 그 다음에는 이모티콘을 막 날리고, 먼저 깨톡을 하기 시작하죠.

이러면 아이들은 마음을 활짝 연 거예요. 어른들은 마음의 문을 열었다 닫았다 하잖아요. 하지만 아이들은 한번 열면 잘 닫지 않아요. 선생님도 아이들의 그 매력을 알고, 마음 문을 활짝 열 날을 기다리고 기대하면서 연락하면 더 좋으실 거예요.

철수의 마음 문이 열렸을 때, 저는 마냥 기뻤어요. 그래서 거의 매일 너무 신나게 대화를 나누었죠. 대화를 하는 것만으로도 제가 뭐 하나 해낸 느낌이었어요. 그러던 어느 날, 아침에 묵상 기도를 하고 눈을 뜨는데, 이런 생각이 들더라고요.

'나 철수랑 깨톡하려고 연락했나?'

그 생각이 들자 갑자기 뒤통수를 한 대 얻어맞은 거 같았어요. 아니잖아요. 저는 그 아이와 비전반에서 함께하고 싶었던 거잖아요. 마치 목적지를 잊고 항해하는 배 같았어요. 제 쉬키가 언젠가 그랬거든요. 놀러가려고 알바를 하는데, 알바 하느라고 놀러갈 시간이 없다고요. 저도 그럴 때가 있었죠. 치킨 값 벌려고 잡지 원고를 쓰는데, 원고를 쓰느라고 치킨 사러 못 나가고 있더라고요. 딱 그런 거였죠. 목적은 잊고 깨톡 온 것에 신이 나서 깨톡만 주고받고 있었던 거예요.

배의 방향을 다시 잡아야 했어요. 목적지를 알려줘야죠. 그래서 바로 철수에게 깨톡을 보냈어요.

'철수야, 이제 교회 올래?'

철수에게 칼답이 왔어요. 제 마음에 지진이 일어났죠. 왜냐고요? 그 전까지는 ㅋㅋㅋ 웃으며 얘기하고, 친근하게 대하던 아이가 갑자기 정색을 하는 거예요. ㅋㅋㅋ도 이모티콘도 없는 우울한 깨톡을 보냈죠.

'아니요. 교회는 절대 안 가요.'

그냥 '아니요'만 왔어도 지진이라는 표현까지는 안 썼을 거예요. 아니라고 하면, 다시 잘 설득할 수 있었을 테니까요. 그런데 '절대 안 가요'라는 말에 정말 제 마음에 지진이 났어요. 너무 강한 부정이잖아요. 눈앞이 하얘지더라고요. 거대한 벽이 내려온 느낌이랄까요?

저는 심호흡을 하고 정신을 차렸어요. 저는 벽이 생겨도 별로 좌절하는 성격이 아니거든요. 가끔은 "에라 모르겠다. 그냥 기대서 쉬자" 할 때도 있지만, 보통은 이 벽을 어떻게 뛰어넘을까 고민해요. 벽을 뚫어지게 보면서요.

'아니요. 교회는 절대 안 가요.'

저는 이 깨톡을 뚫어지게 보면서 고민을 했죠. 그랬더니 정말 지혜로운 답이 떠올랐어요.

'그럼 교회 건너편에는 올래?'

이렇게 깨톡을 보냈어요. 교회는 안 온다고 했으니까 건너편에 오라고 한 거예요. 정말 지혜롭지 않나요? 벽을 한 번에 뛰어넘은 것 같죠? 와, 어떻게 그런 말을 생각했을까요? 정말 하나님의 은혜인 것 같았어요. 그 다음에 도착한 철수의 말이 더 은혜였지만요.

'네, 거기는 갈게요.'

이러는 거예요. 마음에 지진이 싹 멈췄어요. 지진이 났던 자리에 새싹이 돋아났죠. 정말 신이 나더라고요.

드디어 철수와 만나기로 한 주일이 되었어요. 공과를 마치고 교회 앞으로 나갔어요. 얼마나 설레었는지… 진짜 첫 미팅 때보다 더 설레더라고요. 저는 횡단보도 앞에 서서 신호등이 바뀌기만을 기다렸어요. 철수가 이미 왔을지도 모르니, 건너편의 사람들을 보았죠. 건너편은 사람이 많이 다니는 길이에요. 사람들 사이에 청소년은 보이지 않아 까치발을 들고 두리번거렸죠. 그러다가 횡단보도 앞에 한 아이가 섰는데 한눈에 철수라는 걸 알 수 있었어요.

키가 180이 훨씬 넘는 남자아이였어요. 가죽 재킷을 입고, 검정 스키니 바지를 입고, 검정 워커를 신었어요. 그런 아이가 짝다리를 짚고 건들거리며 서 있는데 너무 무섭더라고요. 제일 무서웠던 건 그 아이의 눈빛이었어요. 2대 8 가르마를 하고 한쪽 머리카락을 심하게 내려서 눈이 잘 보이지 않았는데도, 눈에서 레이저가 나오는 것처럼 느껴졌어요.

그동안 사람들에게 들었던 그 아이에 대한 부정적인 말이 떠올랐어요.

"그 아이, 일진이래."

"17대 1로 싸워서 이긴대."

이런 말들을 들었을 때는 정말 아무 상관도 없었거든요. 17대 1이면 어때? 1이 아니라 17 중에 한 명일 수도 있잖아? 이렇게 생각했어요. 그런데 아이의 모습을 마주한 순간, 17이 아니라 170대 1로 싸울 것 같더라고요. 부정적인 말은 마음이 약해질 때 큰 힘을 발휘하곤 하잖아요.

저는 바로 회개 기도를 했어요.

"하나님, 제가 뭐 잘못하고 회개를 안 했나 봐요. 제가 모르던 죄까지 다 회개합니다. 저 아이는 안 만나는 게 좋을 거 같아요. 신호등도 안 바뀌면 좋겠어요."

저는 정말 간절했어요. 그런데 바로 신호등이 바뀌더라고요. 하나님이 얼마나 야속하던지 한숨을 푹 내쉬고 횡단보도를 건넜어요. 학생주임 선생님한테 벌점 받으러 가는 학생이 된 기분이었죠. 손에 땀이 나고 몸은 떨렸죠. 그 아이 앞에 서니 더 그랬어요. 제 키는 161센티미터거든요. 그 아이는 186센티미터 정도 되고요. 게다가 그 아이는 굽이 있는 워커를 신었고, 저는 단화를 신었죠. 저는 목을 최대한 뒤로 꺾고 까치발을 들고 그 아이를 보았고, 그 아이는 고개를 앞으로 최대한 숙여서 저를 내려다보았죠. 그때 알았어요. 키 차이와 기 차이가 비례한다는 것을요. 기가 확 눌리는 기분이 들었어요.

그래도 아무렇지도 않은 척 헤벌쭉 웃으며 말을 걸었죠. 저는 최대한 길게 말했는데, 아이는 한 글자로 대답했어요.

"니가 철수구나? 우리 이렇게 보니까 정말 반갑다. 쌤이 한눈에 딱 알아봤잖아."

"네."

"나와줘서 고마워. 정말 보고 싶었는데…."

"네."

"아침에 일어나기 힘들지 않았어? 아직 잠이 덜 깬 거 아니야?"

"네."

우리의 대화는 이런 식이었어요. 저는 계속 말하고 아이는 말하지 않았는데, 제가 눌리는 느낌이 드는 건 왜였을까요? 이대로는 안 되겠다 싶었어요. 우선 앉아서 얘기해야 한다는 생각이 들었어요. 앉은키는 비교적 공평하잖아요. 아무리 키 큰 아이와 마주보고 앉는다고 해서 서 있을 때처럼 목을 빼고 바라보지는 않아도 되니까요. 무조건 앉아야 한다고 생각했어요. 철수에게 말했죠.

"우리 저기 롯데리아 가서 햄버거 먹으면서 얘기할까?"

그 질문에 철수의 대답은 정말 의외였어요. 제가 청소년들을 만나기 시작했을 때 햄버거나 치킨을 먹자고 하면 아이들은 다 좋아했거든요. 먹고 튀더라도 우선 먹기는 먹었어요. 지금도 그렇고요. 그런데 철수는 정말 의외였어요. 철수는 싫다는 의사를 정말 분명하게 밝혔거든요.

"햄버거 같은 거, 안 먹어요."

철수는 나지막한 목소리로 이렇게 말했어요. 그냥 싫다고 했다면 "그럼 감자 튀김하고 콜라만 먹을까?" 혹은 "그럼 치즈 스틱은 어때?"라고 물었을 거예요. 그런데 햄버거 같은 걸 안 먹겠다니… 롯데리아를 통째로 줘도 저하고는 안 먹겠다는 얘기처럼 들리는 거예요. 정말 눈앞이 캄캄하더라고요. 잠시 침묵이 흘렀고, 저는 지푸라기라도 잡는 심정으로 다시 입을 열었어요.

"그럼… 저기 피자집도 있는데… 피자는 먹니?"

"네, 피자는 조금 먹어요."

아이는 그렇게 저를 구원해주었죠. 어찌나 고맙던지… 정말 고맙다고 말했어요. 그리고 아이와 함께 피자집으로 갔죠. 피자를 주문했어요. 아이는 피자가 나오자마자 한 조각을 들고 먹었죠. 그 모습을 보니 조금 안심이 되었어요.

그런데 그 다음이 문제였어요. 무슨 말을 해야 할지 모르겠더라고요. 아이가 먹는 동안 고민을 했어요. 무슨 말을 먼저 꺼내야 할까? 어떤 이야기를 어떻게 꺼내야 아이와 대화를 이어갈 수 있을지 암담했어요. 아이돌 얘기를 할까? 우리가 나눴던 깨톡 내용을 다시 얘기할까? 고민하다가 쌩뚱맞게 이런 생각이 들었죠. 정말 힘들었겠다는 생각이요.

저는 누구 한 명만 저를 오해해도 힘들거든요. 누구 한 명만 제 뒷담화를 해도 힘들더라고요. 그런데 철수는 정말 많은 사람들이 그 아이를 오해하고, 그 아이의 뒷담화를 하는 거예요. 우리 동네에 오랫동안 살고 있는 사람이라면 그 아이를 모르는 사람이 없었거든요. 제가 그 아이를 만난다고 했을 때도 여러 사람들이 그 아이에 대한 부정적인 이야기를 해주었고요. 그 생각이 드니까 정말 힘들겠다는 생각이 들었어요.

"철수야, 너 엄청 힘들었지?"

저도 모르게 이렇게 물었죠. 그때 그 아이의 대답을 듣고 청소년을 계속 만나야겠다는 결심을 했어요. "하나님, 철수처럼 제가 마음을 알아줘야 하는 쉬키가 있다면 보내주세요. 제가 계속 만나겠습니다"라고 기도도 했고요.

철수의 대답이 뭐였냐고요? 철수는 담담한 어조로 이렇게 말했어요.

"어떻게… 알았어요?"

그 대답에 심장이 쿵 내려앉는 기분이었죠. 지금 떠올려도 마음이 짠해지는 대답이에요.

철수는 그 이후로 여섯 번 더 저를 만나줬어요. 만난 게 아니라 만나준 거냐고요? 네, 그래요. 선생님도 기억해주세요. 선생님이 아이를 만나는 게 아니라, 아이가 선생님을 만나주는 거라는 사실을요. 우리가 고마워해야 하는 부분인 거죠.

철수는 저를 만나면서 자신의 이야기를 했어요. 속내를 드러내보지 않은 아이들은 어디서부터 얘기할지를 잘 몰라요. 만약 아이가 선생님에게 "어디서부터 얘기해야 할지 모르겠어요"라고 말한다면, 그건 기뻐할 일이에요. 선생님에게는 말하고 싶은데, 자신의 이야기를 말한 적이 별로 없어서 어디서부터 해야 할지 모른다는 이야기거든요.

그럴 때는 "네가 하고 싶은 데부터 해. 뒤죽박죽 해도 괜찮아"라고 말해주세요. 그래도 모르겠다고 하면 지정해주셔도 돼요. "그럼 어제 이야기부터 할까?" 혹은 "그럼 초등학교 때 이야기해주라" 이런 식으로요.

철수는 뒤죽박죽 얘기해도 괜찮다고 했더니 정말 뒤죽박죽 이야기를 했어요. 유치원 때 이야기를 하다가 어제 이야기를 하기도 하고, 오늘 이야기를 하다가 초등학교 때 이야기를 하기도 했죠. 그러다가 자신이 일진이 된 계기를 이야기해준 적도 있어요.

철수가 초등학교 4학년 때 단짝 친구가 있었대요. 엄마도 그 친구를 철수의 베스트 프렌드라고 생각했고요. 선생님도 그렇게 생각할 만큼 단짝이었대요. 그런데 그 친구가 어른들 앞에서만 그렇게 행동하고, 친구들 앞에서는 행동이 아주 달랐대요. 어른이 없을 때는 철수에게 가방 셔틀을 시키고, 빵 셔틀을 시키고, 물건을 훔쳐가고 그랬대요. 그 아이에게 2년

동안 시달리면서 철수에게 꿈이 생겼죠. 그 아이를 때려서 이기는 꿈이요.

철수는 어린이날 선물로 부모님께 샌드백을 사달라고 했어요. 매일 그 아이가 샌드백이라고 생각하며 때리는 연습을 했죠. 철수가 초등학교 때는 키가 작았는데 점점 키가 다른 또래들보다 커졌고요. 중학생이 되어 어쩌다 싸움이 붙었는데 그 사람을 샌드백이라고 생각하며 때렸대요. 철수는 짧은 시간 안에 상대를 쓰러뜨렸고, 철수에 대한 소문이 나기 시작했죠. 싸움짱이라고요. 철수에게 시비를 거는 아이들이 생겨났고, 철수는 그 아이들과 싸워서 다 이겼어요. 정말 싸움짱이 된 거죠. 무서울 것이 없었대요. 이제 초등학교 때 자신을 괴롭혔던 그 아이를 만나 때려눕히기만 하면 꿈이 이루어진다고 생각했죠.

그러던 어느 날, 정말 우연히 그 아이와 마주쳤어요. 철수가 길을 걸어가고 있는데 반대편에서 그 아이가 걸어오는 거예요. 그 아이는 철수를 보자마자 너무 떨더래요. 옆으로 피할 길이 없었고, 철수는 드디어 꿈을 만나 설레었지요.

그 이야기를 듣다가 제가 물었어요.

"때렸어?"

"아니요."

철수의 대답은 의외였어요. 정말 한 방에 때려눕히고 싶었는데, 그럴 수 없었다고 했어요.

"걔가 정말 오줌 쌀 것처럼 떨어서 툭 치면 쓰러지겠더라고요. 그 모습을 보니 너무 시시해서 안 때렸어요. 이미 이긴 거잖아요. 그런데 신기했어요. 꿈이 이루어졌는데 이상하게 기쁘지가 않은 거예요. 허무하고 짜증나고… 그래서 더 싸우고 다녔어요."

청소년들에게 꿈에 대한 강의를 하러 가면, 저는 철수의 이야기를 곧잘 해요. "얘들아, 내 쉬키 중에 꿈을 이룬 쉬키가 있어"라고 말하곤 하죠. 철수의 이야기를 마치면서는 이렇게 말해요.

"꿈이 없어도 괜찮아. 지금 중요한 건 꿈이 있고 없고가 아니라, 너희들 삶의 방향이야. 우리 철수처럼 꿈을 이루고 나서 이 방향이 아니었다고 후회하지 않았으면 좋겠어. 삶의 방향을 잘 잡고 가다 보면 꿈은 언제든 만날 수 있거든."

철수는 꿈을 이루었지만 방향을 되돌리는 데 참 오랜 시간이 걸렸거든요. 청소년들에게는 철수의 이야기를 '꿈'과 연결해서 들려주지만, 선생님들에게는 '공감'과 연결해서 들려드리곤 해요. 아이들은요, 공감받고 싶어하거든요. 철수에게 제가 "힘들었지?" 하고 물으니 "어떻게 알았어요?" 하고 대답했던 것처럼요. 아이들은 자신의 마음을 알아주는 사람을 필요로 해요. 공감해주는 사람을 원하는 거죠.

그런데 우리는 그 바람을 잘 들어주지 못해요. 바쁜 일상 속에서 누군가를 공감해주는 것 또한 일처럼 느껴지거든요. 하지만 우리는 본래 자동으로 공감할 수 있는 사람이란 사실, 아세요?

드라마에서 사랑하는 남녀가 부모의 반대로 이별하는 장면을 보면 눈물이 나잖아요. 입으로는 "막장 드라마야. 뻔한 내용이야" 하면서도 주인공들과 함께 슬퍼져요.

예방접종을 하러 가서 아이 팔에 주사바늘이 꽂힐 때는요? 우리가 주사를 맞는 것도 아니면서 같이 아프죠. 눈을 질끈 감게 되잖아요.

남자 분들이 축구 경기를 볼 때는요? 자신이 경기를 하는 것처럼 벌떡 일어나 발차기를 하고, "골!"을 외치며 경기를 뛰고 있는 선수처럼 흥분하기도 하죠.

우리는 이렇게 일상에서 공감하고 있잖아요. 누가 시키지도 않았고, 일부러 하려고 한 것도 아닌데요. 왜 그럴까요?

얼핏 생각하면 마음의 작용인 것 같지만, 사실은 뇌의 작용이에요. 우리 뇌에는 공감이 시작되는 '거울 뉴런'이라는 신경세포가 있대요. 그 세포에 '거울'이라는 글자가 붙은 건 두 가지 이유예요. 첫 번째 이유는 상대의 감정이나 반응을 우리 뇌에서 거울처럼 반영하기 때문이에요. 두 번째 이유는, 우리가 상대의 거울이 되어주니 그 보상으로 상대도 나를 거울처럼 비춰주기를 바라기 때문이에요.

우리가 교회 새가족에게 공감을 열 번 해주면, 최소한 한 번은 공감받고 싶어지잖아요. 상대방이 마음을 몰라주는 것 같으면 서운하기도 하고요. 그런 마음이 당연한 거예요. 그러니까 아이들을 선생님의 거울에 잘 비춰주시고요, 선생님도 아이의 거울에 비춰지기를 당당히 바라셔도 돼요. 어떻게 하냐고요?

우선 아이를 선생님의 거울에 비춰주시는 거는요, 그 마음을 알아주는 표현을 하시면 돼요. 예를 들어볼게요. 선생님 반의 여자아이가 앞머리를 자르고 온 거예요. 아이가 선생님을 보자마자 이렇게 말했어요.

"쌤, 민수 오빠가 내 앞머리 이상하대요. 짜증나요."

그런데 문제는 선생님이 보기에도 이상한 거예요. 그래도 이상하다고 말할 수는 없어서 이렇게 말했어요.

"그래, 곧 예배 시작한다. 예배드리자."

이때, 아이의 마음은 어떨까요? '와, 선생님도 내 마음을 몰라주는구나'라고 생각하지 않을까요? 아이의 감정에 대한 표현이 하나도 없었잖아요.

그럼 어떻게 하냐고요? 어떤 탤런트보다 예쁘다고 말해줘야 하냐고요? 아니요, 이런 과장된 거짓말은 오히려 아이에게 해로워요. 아이가 공감받고 싶었던 감정을 알아주시면 돼요. 아이는 앞머리가 이상하지 않다는 소리를 듣고 싶었던 게 아니에요. 민수 오빠가 이상하다고 해서 짜증이 난다는 거였죠.

"에고, 그랬구나. 우리 영희가 짜증났겠네."

이렇게 말해주시는 거예요.

"그랬구나. 쌤 같아도 그랬겠다."

이렇게 말해주셔도 되고요.

참 쉬운 것 같지만 그렇지 않아요. 어른이 되고부터는 이상하게 공감보다는 조언이 먼저 나가더라고요. 빨리 가르치고 싶은지, 공감을 뒤로 보내고 조언을 앞으로 보낼 때가 많아요. 저는 청소년들을 직접 만나면서 공감의 중요성을 깨달으며 살고 있는데도 공감보다 앞으로 튀어 나가려는 조언 때문에 진땀을 흘릴 때가 꽤 있어요.

한번은 이런 일이 있었어요. 진짜 매일 싸우다시피 한 쉬키가 어느 날 이제는 싸우지 않겠다고 하더라고요. 너무 기뻤지만, 속은 적이 한두 번이 아니어서 바로 믿어지지 않았어요.

"정말이지? 진짜지?"

저는 몇 번을 확인했죠. 그랬더니 녀석이 각서를 쓰더라고요. 각서까지 받으니 안 믿을 수가 있어야죠. 알겠다고, 믿겠다고, 고맙다고 했어요. 그러나 보름이 채 지나지 않아 녀석은 싸움을 했죠. 소식을 듣고 경찰서로 가는데 너무 화가 나는 거예요. 그렇게 굳게 약속을 하더니 또 속았구나, 이게 뭔가… 그런 생각을 하다가 녀석의 얼굴을 보니 더 화가 났어요. 바로 따지고 싶었는데 녀석이 자신과 싸운 아이를 가리키며 그러더라고요.

"쌤, 정말 안 싸우려고 했는데 쟤가 시비를 걸었어요. 어쩔 수 없었어요."

저는 화를 내지는 않더라도 조언을 하고 싶었어요.

"그래도 그러지 말았어야지. 나랑 약속했잖아. 약속을 지켜야지."

이렇게 말하고 싶었지만, 화가 나는 마음 한구석에서 엉뚱한 생각이 튀어나오더라고요.

진심의 관계를 형성하는 요소가 있어요

'그래, 얼마나 시비를 걸었으면 그랬을까… 이 녀석 마음을 내가 안 알아주면 누가 알아주나.'

저는 심호흡을 하고 말했죠.

"그래, 어쩔 수 없었겠지. 믿어. 그랬을 거야."

그 말에 녀석의 머리 꼭대기까지 차올랐던 억울함이 조금은 내려가는 게 느껴지더라고요. 다행히 제 쉬키와 싸운 녀석의 부모님도 오셔서 잘 얘기하고 자정이 넘어 경찰서에서 나오게 되었어요. 24시간 운영하는 해장국집에 가서 녀석과 밥을 먹었죠.

"고마워요, 쌤."

"뭐가?"

"믿어줘서요."

"그래, 이 자식아. 고마우면 이제 싸우지 말아야지. 왜 그랬는데?"

저는 정말 부족한 사람이란 걸 이럴 때 느껴요. 그냥 참자, 그냥 믿어주자 하다가도 결국은 하고 싶은 말을 하고야 말거든요.

"걔가 할머니 욕을 했어요. 나 그건 못 참아요."

그 녀석이 할머니랑 살거든요. 그런데 시비를 건 녀석이 비겁하게 할머니를 비하하는 발언을 했던 모양이에요. 그 얘기를 들으니 저도 너무 속상해지더라고요.

"그래, 그 맘 알아. 그런데 네가 계속 싸우면 누가 젤 속상해할 거 같아?"

"… 할머니요."

"그래, 그러니까 이제 할머니 속상하시지 않게 더 참아."

녀석은 눈물을 뚝뚝 흘리며 고개를 끄덕였어요. 그 이후로는 싸움을 하지 않았죠.

조언보다 먼저 공감을 하는 건 참 쉽지 않아요. 그런데 조언을 먼저 하고 나면 공감의 문이 닫힐 때가 많아요. 하지만 공감의 문이 먼저 열리면 조언도 들어갈 수 있어요. 그러니까 우리가 노력했으면 좋겠어요. 아이의 마음을 먼저 공감해주는 거예요. 아이가 그 공감을 느끼고 머리 꼭대기 올려 보냈던 부정적인 감정을 끌어내리면, 그 다음에 사랑이 담긴 조언을 해줄 수 있도록요.

우리 철수는 저를 여섯 번 만난 후 교회에 나와주었어요. 교회에 나온 철수에게 별명이 생겼어요. 모세였어요. 철수만 나타나면 마치 바다가 갈라지듯 아이들이 양쪽으로 갈라섰거든요. 그 정도로 아이들은 철수를 무서워하고 싫어했어요. 그래도 너무 감사하게 비전반 리더들이 철수를 잘 챙겨주었죠.

리더도 있냐고요? 네, 제가 비전반을 하면서 또래가 참 중요하단 생각이 들었거든요. 교사와 아이의 관계도 중요하지만, 교사는 해가 지나면 바뀔 수도 있잖아요. 그만둘 수도 있고요. 하지만 또래들은 함께 학년을 올라가고, 함께 청년부로 가는 아이들이죠. 또래 관계가 잘 형성되어 있으면, 교회를 더 오래 잘 나올 수 있겠다는 생각이 들었어요.

그래서 비전반 아이들을 함께 돌봐줄 리더를 모집했어요. 참 감사하게도 지원자들이 있었고요. 그중에서 리더를 선발했어요. 지금 생각하면 저보다 더 사랑이 많은 아이들을 하나님이 선물로 보내주셨던 것 같아요.

저보다 더 철수를 챙기는 리더 덕분에 철수는 조금씩 달라졌어요. 리더에게 장난을 치고, 먼저 연락을 하기도 했어요. 리더와 연락을 해서 함께 교회에 나오기도 했고요. 무엇보다 얼굴이 변했어요. 눈을 가리던 앞머리를 자르고요, 그 무서운 눈빛이 없어졌어요.

이건 정말 본 사람들만 믿을 수 있는 사실인데요, 저는 그런 모습을 참 많이 봤어요. 날카롭고 무섭던 아이들이 어느새 표정이나 눈빛이 달라지고, 웃음도 많아지는 거예요. 저는 이런 변화를 '그리스도의 빛 성형'이라고 불러요. 그리스도의

빛이 드리우면 마치 성형한 것처럼 바뀌어서요.

    우리 철수는 '그리스도의 빛' 성형이 몇 차례에 걸쳐 되었어요. 모세라는 별명은 자연스럽게 없어졌고요. 리더들과 다른 선생님의 도움으로 검정고시를 준비하게 되었어요. 중학교 3학년 2학기에 학교를 그만둬서 고입 검정고시부터 봐야 했어요. 검정고시 합격자 발표가 난 날, 철수에게서 전화가 왔어요.

    "쌤, 제가 주민등록번호 불러줄 테니까 쌤이 한번 합격자 발표 봐요."

    "아, 싫어. 나는 그런 거 너무 떨려. 네가 해봐."

    "아, 제가 해봤는데 이상해서 그래요."

    "뭐가?"

    "컴퓨터가 미쳤나 봐요. 합격이래요."

    "어? 정말? 알겠어. 주민등록번호 문자로 보내. 내가 한번 해볼게."

    저는 합격자 발표란에 철수의 주민등록번호를 치고 검색을 눌렀어요. 합격이라는 글자가 컴퓨터 화면에 떴을 때 얼마나 소리를 질렀는지 몰라요.

    철수와 저는 바로 만났어요. 그리고 뭘 먹었죠. 뭘 먹었을까요? 네, 햄버거 같은 거 안 먹는 녀석이니까 피자를 먹었죠. 그날 먹었던 피자가 세상에서 제일 맛있었어요.

철수는 그로부터 2년 후에 대입 검정고시를 봤어요. 합격했고요. 지금은 아르바이트를 하며 지내고 있어요. 군대를 먼저 갔다가 대학을 가겠다고 해요.

저는 철수를 통해 공감이 얼마나 중요한지를 알았고, 지금도 공감하며 이야기를 들으려고 노력해요. 저도 세상에 찌든 어른이라 잘 되지 않을 때도 많아요. 그래서 더 노력해요. 그냥 저절로 되는 건 없는 것 같아요. 이렇게 계속 살았으면 공감쯤은 저절로 될 줄 알았는데, 청소년을 만나기 시작한 지 7년이 지난 지금도 잘 안 되더라고요. 그래서 더 자신 있게 말씀드리는지도 모르겠어요.

"내가 잘하니까 여러분도 하세요!"라고 가르치는 게 아니라 "나도 못하지만 함께해요!"라고 하는 거니까요.

솔직하게 말씀드리면, 아마 이 책의 처음부터 끝까지 그럴 거예요. 그러니까 뭘 가르쳐주지도 않을 거면서 무슨 책을 쓰냐고 흉보지 마시고요, 저와 함께해주세요.

우선 공감부터요. 아이가 어떤 마음을 말하는지 생각하고, "힘들다"고 하면 "힘들겠다", "짜증나요"라고 하면 "짜증나겠다"라고 해주세요. "나는 절대 안 그럴 거야"가 아니라 "나 같아도 그랬겠다"라고 해주시고요. 말뿐만 아니라 마음으로요.

교사 하는 것도 힘든데 이런 것까지 하자니 힘드시죠? 네, 힘드실 거예요. 저 지금 진짜로 같이 힘든 마음이라는 거 공감하면서 말씀드리고 있어요. 그러니까 제 마음도 공감해주시길 바라도 될까요? 저도 선생님의 마음을 계속 공감하며 책을 쓰도록 노력할게요.

두 번째는 '포용'이에요

포용의 사전적 의미는 '남을 너그럽게 감싸주거나 받아들임'이에요. 하지만 저는 이렇게 풀이하고 싶어요. '무조건 품는 것.' '품는 것'은 사전적 의미를 줄여서 말한 거고, 그 앞에 '조건이 없음'을 붙인 거예요.

우리가 받은 사랑이요, 조건이 없는 사랑이잖아요. 우리가 예뻐서, 잘해서, 착해서… 이런 이유가 있어서 사랑받는 건 아니잖아요. 또 다른 조건 때문에 사랑받는 것도 아니잖아요. 하나님이 주신 사랑은 아무 조건이 없는 사랑이잖아요.

그런데 왜 우리는 자꾸 필터를 거칠까요? 무조건적인 사랑을 받았으면 그대로 그 사랑을 흘려보내야 하는데, 마치 커피를 내리는 것처럼 필터를 거쳐요. 세상에서 살면서 생긴 필터들이 너무 많거든요. 우리야말로 예뻐서, 잘해서, 착해서 더 사랑하게 되기도 하고요, 어떤 조건 때문에 사랑을 시작하게 되기도 하죠. 그건 이 세상에서 아주 자연스러운 일이에요.

그러니 필터 없이 사랑하도록 더 노력해야 해요. 커피도 어떤 필터에 어떻게 내리느냐에 따라 맛이 달라지잖아요. 사랑도 그렇거든요. 우리의 필터 때문에 사랑의 맛과 향이 달라질 때가 너무 많아요. 우리는 자칫 잊지 않도록 계속 생각해야 해요. 우리가 받은 사랑이 무조건임을, 우리에게는 너무 자연스러워 굳이 거듭해서 생각할 필요가 없다는 사실을, 사랑을 흘려보내는 자리에서는 자꾸 생각해야 해요. 그래야 필터가 생길 때 자꾸 의식하며 제거할 수 있거든요.

"하나님, 정말 품어야 하는 쉬키면 세 번 보여주세요."

제가 이런 기도를 했던 시절이 있어요. 왜 이런 기도를 했냐면요, 품어야 하는 쉬키가 점점 늘어나니 감당이 안 되었거든요. 치킨 값도 그랬지만 시간도 사랑도 그랬어요. 제 시간과 사랑은 한정되어 있는데, 나누어야 할 쉬키들이 많아지니 힘에 부치더라고요. 한 번 봤다고, 한 번 치킨 먹었다고 다 품으니 제가 너무 힘들어서 그렇게 기도했던 거예요.

그런데 정말 품어야 하는 쉬키면 꼭 세 번 이상 만나게 되더라고요. 하늘을 보며 정말 이러실 거냐고 투덜대곤 했죠. 그래도 결국에는 또 품고 또 울고 또 먹이게 되곤 했지만요.

교회 앞을 지나가다가 한 쉬키를 보게 되었어요. 빨간 쉬키였죠. 머리 색깔도, 입고 있던 트레이닝복도, 운동화도 다 빨갰어요. 제가 청소년들을 위해 쓴 책 『니가 웃었으면 좋겠어』(좋은씨앗) 표지를 보면 빨간 트레이닝복을 입은 고양이가 그려져 있는데요, 그 그림이 제가 지금 얘기하는 쉬키를 표현한 거예요. 그 쉬키를 처음 봤을 때 저는 생각했어요.

"쟤는 하나님이 보여주신 게 아니지. 온통 빨간데 안 보일 수가 없잖아. 여기 지나가는 사람들이 다 본 거지 나만 본 게 아니잖아."

그렇게 그 쉬키를 지나쳤어요. 그런데 며칠 후에 또 한 번 같은 장소에서 보게 되었죠. 또 빨개서 눈에 띄더라고요. 또 지나쳤어요. 두 번은 괜찮잖아요.

그런데 며칠 후 다시 한 번 보게 되었죠. 정말 품어야 하는 쉬키라면 세 번 보여달라고 기도했잖아요. 세 번을 보았다면 우연이 아니라는 생각이 들었어요. "하나님, 또 제가 품어야 하는 영혼을 보여주신 거예요?"라며 감동하고 싶었지만, 현실은 "하나님, 또요? 저 힘들어요"였어요. 제가 부족한 인간이라는 걸 또 깨닫는 순간이었죠.

그래서 어떻게 했냐고요? 제가 잘 투덜대기는 해도 할 건 다 한답니다. 우연이 아니라고 생각했는데 어쩌겠어요. 다가가서 물었죠.

"너, 여기 왜 있어? 몇 번이나 봤는데."

"피아노 치려고요."

녀석의 대답이 황당했죠. 교회 앞에 왜 있냐니까 피아노를 치려고 한다니요. 저는 이해가 되지 않아서 다시 물었어요.

"길게 말해줘봐."

녀석은 설명을 했어요. 사실 아이들을 만날 때 저는 별로 친절하지 않아요. 그런데 참 신기하게도 아이들은 저에게 친절하게 말을 잘해요. 제 친구는 "원래 강아지 키우는 아줌마에게 강아지들이 잘 가는 거야"라고 하더라고요. 청소년들하고 사는 아줌마라서 청소년들이 알아보는 모양이에요.

"제가 가수가 꿈이어서 학원을 다니는데요, 피아노 치며 연습을 해야 하는데 집에 피아노가 없어요. 피아노 연습실을 예약하면 되는데, 그럴 돈도 없어요. 그래서 고민하고 있는데 학원 선생님이 교회를 가보라고 하는 거예요. 교회에는 피아노가 많다고요. 그래서 들어갔는데 어떤 아저씨가 왜 왔냐고 해서 피아노 치러 왔다니까 그런 데 아니라고 해서 나왔어요. 다시 들어가기는 무서운데, 피아노는 치고 싶어서 또 왔어요."

녀석의 설명이었죠. 교회에 들어갔다가 사찰 권사님이 피아노 치는 데 아니라고 해서 못 들어간다는 이야기였어요. 그런데 사실 우리 사찰 권사님보다는 녀석이 더 무섭게 생겼거든요. 사찰 권사님은 인상 진짜 좋으신데, 녀석이 자기의 얼굴을 모르는 건지, 시력이 좋지 않은 건지… 무서워서 못 들어가겠다고 그러더라고요. 그래서 제가 녀석을 데리고 들어갔어요. 사찰 권사님에게 말했죠.

"권사님, 이 아이가 교회 반주할 아이인데, 피아노 연습을 해야 해서요. 이 아이 오면 피아노 있는 교실 하나만 문 열어 주세요. 혹시라도 문제 생기면 저에게 연락 주시고요."

왜 교회 반주할 아이라고 거짓말했냐고요? 에이, 거짓말 아니에요. 저, 교회 다녀서 거짓말 안 해요. 저의 믿음이에요. 저는 진짜 그 녀석이 교회 반주도 할 녀석이라고 믿었거든요. 아이의 미래를 기대하고 기도하고 기다리는 제 믿음이니 거짓말이라고는 하지 말아주세요.

"그래요. 선생님 반 아이에요?"

"네!"

물론 이 대답도 저의 믿음이에요. 분명히 저희 반 아이가 될 거니까요. 권사님은 제 말대로 하겠다고 하셨고, 아이는 몇 번이나 고맙다고 인사를 했어요.

저는 며칠에 한 번씩 교회에 들러 피아노가 있는 교실로 갔어요. 녀석은 정말 매일 연습을 했죠. 이제 저는 저의 믿음대로 녀석을 전도해야 하잖아요. 녀석에게 갈 때마다 간식을 사 가지고 갔어요. 간식을 주면서 말했죠.

"이거 먹으면서 해. 그리고 일요일에도 오면 좋겠다."

이 말을 계속 하니까 몇 달이 지난 어느 날 묻더라고요.

"일요일 몇 시에 오면 돼요?"

저는 마음속으로 함성을 지르고, 겉으로는 아무렇지도 않은 척 말했어요.

"응, 9시에 3층으로 오면 돼."

그 다음 주일, 예배를 준비하고 있는데 팀장님이 저를 불렀어요. 새로운 아이가 왔는데 분명히 우리 반 아이라면서요. 나가봤더니 녀석이더라고요. 녀석은 주일에도 한결같이 빨갛게 왔어요. 팀장님이 바로 저를 호출하실 만했죠. 누가 봐도 우리 반 아이니까요.

저는 녀석을 데리고 들어가서 함께 예배를 드렸어요. 녀석은 제 예상보다 훨씬 더 교회에 자주 나왔고, 예배도 열심히 드렸어요. 참 뿌듯하고 감사했죠.

몇 달이 지나 장학생을 선발하는 주간이 되었어요. 교회의 장학부서에서 1년에 두 번, 청소년 열 명에게 장학금을 전달해요. 장학생은 교사들이 추천한 아이들 중에서 선발을 하죠. 그런데 저는 좀 속상했어요. 교회도 성적이 좋은 아이들에게 장학금을 준다는 생각이 들었거든요. 물론 여기서 말하는 성적은 학교 성적은 아니에요. 교회 성적이죠.

　교회에도 성적이 있냐고요? 없지만 있는 것 같았어요. 학교처럼 성적표를 작성하지는 않지만 보이지 않는 성적표가 있는 것 같았어요. 예배 잘 드리는 아이, 찬양 잘하는 아이, 임원을 하는 아이… 그런 아이들을 선발하고 장학금을 주게 되니까요. 세상에서 살다 보니 우리 눈에 점수를 매기는 기능이 자동으로 생겼는지도 모르겠어요.

　저는 그게 속상했어요. 세상에서도 성적이 좋은 아이들만 칭찬을 받는데 교회에서도 그러면 세상과 다를 게 없잖아요. 더군다나 저는 하나님의 눈에만 비전이 보이는 아이들을 맡고 있으니 더 속상할 수밖에요.

　그래서 팀장님께 건의를 했어요. 열 명 중 한 명만 잘하는 아이 말고 못하는 아이 주자고요. 교회 성적과 관계없이 하나님이 비전을 품으시지 않으면 안 되는 아이에게 주자고요. 참 감사하게도 팀장님과 전도사님이 동의해주셔서 제 안건이 통과되었어요.

"그럼 써나쌤이 한 명을 추천해봐."

팀장님의 그 말씀이 어찌나 감사하던지…. 드디어 우리 반도 장학생 추천서를 받게 되었어요. 막상 받고 보니 고민이 되었어요. 장학금이 필요한 아이도 너무 많고, 전부 다 하나님이 비전을 품은 아이들이니까요. 고민과 기도를 거듭하다가 빨간 녀석에게 주기로 했어요. 보컬 학원비가 부족하다는 걸 알고 있었고, 꿈을 향해 열심히 달려가고 있다는 것도 알고 있으니까요.

장학생 추천서

○○○를 추천합니다. ○○○는 임원이 아닙니다. ○○○는 지난 3월부터 열심히 교회에 출석하고 있습니다. 부모님이 교회에 다니지 않습니다. 가정에서 혼자 교회에 출석하는데 거의 결석하지 않습니다. 지각도 잘 하지 않습니다. 찬양을 잘 따라하지 못합니다. 이제 알게 된 찬양이 한 곡이거든요. 그런데 그 찬양을 자주 흥얼거립니다. 성경을 잘 모릅니다. 하지만 얼마 전에 처음 생긴 성경책을 소중히 다룹니다. 아이의 지금을 보면 장학생이 아닐지 모르지만 아이의 내일을 보면 충분히

장학생일 거라고 믿습니다. 아이는 피아노를 잘 칩니다. 저는 아이가 자라 교회에서 반주하는 꿈을 꿉니다. 무엇보다 ○○○에게는 꿈이 있습니다. 아이의 환경은 그 꿈을 도와주지 못하지만 아이는 환경을 문제 삼지 않고 정말 열심히 꿈을 향해 달려가고 있습니다. 그 모습을 응원해주고 싶습니다. 함께 응원해주셨으면 좋겠습니다.

추천서를 쓰는데 자꾸 눈물이 나더라고요. 눈물을 훔치며 마감에 임박한 원고를 쓰듯 빠른 속도로 써내려갔어요. 추천서를 제출하기 전에 교정도 꼼꼼히 보았죠. 꼭 장학금을 받게 해달라고 기도하고, 추천서를 제출했어요.

며칠이 지나고 팀장님에게 연락이 왔어요. 그 녀석이 장학금을 받게 되었다고요. 저는 녀석에게 이 소식을 전했어요. 녀석은 눈물이 그렁그렁한 눈으로 감사 인사를 했어요.

"감사합니다. 정말 감사합니다."

"쌤한테 감사할 일 아니야. 하나님이 주시는 선물인걸. 장학금 받고 더 열심히 하자."

아이는 고개를 끄덕였어요.

장학금을 받는 날, 녀석은 처음으로 빨갛지 않았어요. 격을 갖춰야 한다고 생각했는지 청바지에 셔츠를 입고 왔더라고요. 그 모습이 귀여워 피식 웃음이 났어요. 그런데 녀석은 웃지 않았어요. 심각한 생각에 잠긴 듯한 무거운 표정이었죠. 저는 녀석의 표정을 살피며 조심스럽게 물었어요.

"무슨 일 있어?"

"쌤, 장학금 받고 교회 안 나오면 하나님한테 벌 받아요?"

녀석의 대답이 웃기죠? 저도 처음에는 농담인 줄 알고 피식 웃었어요. 그런데 녀석의 표정이 너무 심각한 거예요. 저도 덩달아 심각해졌어요.

"아니야. 그렇지 않아. 그렇지 않은데, 네가 왜 그런 질문을 하는지는 궁금해. 밥 먹으면서 쌤하고 얘기할 수 있어?"

녀석은 고개를 끄덕였어요.

녀석이 아침을 안 먹었다고 해서 식당으로 갔어요. 김치찌개를 시켰죠. 평소에 워낙 많이 먹는 녀석이라 공기밥을 미리 하나 더 시켜놓곤 했는데, 그날은 한 그릇만 먹겠다고 하더라고요. 녀석은 한 그릇마저도 억지로 먹는 사람 같았어요.

"왜 그래? 밥 먹기 전에 할 얘기 있으면 먼저 해."

"저… 아빠가 세 번 바뀌었어요."

저는 좀 놀랐어요. 아이의 가정 환경을 알지 못했거든요. 저는 아이들이 마음 문을 열기 전까지 가정에 대해 자세히 묻지 않아요. 그 이유는 두 가지예요.

첫 번째는, 제가 처음 교회에 다녔을 때 스스로 느꼈던 외로움 때문이에요. 부모님과 같이 교회에 나오는 아이들이 많잖아요. 엄마가 안 계신 건 아닌데 괜히 교회에 가면 엄마가 없어 위축되고 외롭더라고요. 결혼하고 나서도 그랬어요. 식당 봉사를 가면 엄마와 함께 교회 다니는 친구들은 엄마가 따로 반찬도 챙겨주고, 뭔가 다른 대접을 받는 느낌이었어요. 그때는 정말 엄마가 돌아가신 후라 더 그런 마음이 들었던 것 같아요. 그래서 아이들도 저와 같은 느낌이 들까 봐 먼저 묻지 않아요. 교회에서는 제가 엄마가 되어주면 되니 큰 문제가 없었고요.

두 번째는, 엄마가 없거나 아빠가 없거나, 엄마와 아빠가 모두 없는 아이들이 많기 때문이에요. 교회에는 별로 없었지만 거리에서 아이들을 만나거나 상담하면 꽤 많은 아이들이 그랬어요. 친해진 후라면 괜찮지만 친해지기 전에 호구 조사를 했다가는 아이에게 상처만 주고 관계가 끝날 수 있다는 생각이 들었죠. 그래서 아이들이 먼저 말하기 전에는, 정말 진심의 관계가 되기 전에는 먼저 묻지 않아요.

그래서 이 녀석의 가정 상황도 그날 식당에서 처음 들었던 거예요. 저는 놀랐지만 놀라지 않은 척하며 말했어요.

"그게 뭐? 그게 무슨 문제야?"

"문제더라고요. 교회에서는…."

"엥? 무슨 말이야?"

"장학금을 받으려면 엄마와 아빠 이름, 제 이름, 엄마나 아빠의 계좌번호를 알려드려야 해요."

"응, 알아. 문자로 보내라고 쌤이 알려줬잖아."

"네, 그래서 보냈는데 연락이 왔어요."

"무슨 연락?"

"저희 아빠랑 제 성이 다르거든요. 오타 아니냐고 묻더라고요."

"그럼 아니라고 하면 되잖아."

"그랬는데 또 연락이 왔어요. 다른 사람한테서요."

저는 녀석에게 너무 미안해졌어요. 그 다음은 아무 말도 못하고 녀석의 이야기를 들었어요.

아이의 성과 아빠의 성은 오타라고 생각할 수 있는 성이에요. 예를 들어, 아이가 '이' 씨이고 아빠가 '오' 씨인 거죠. 그러니까 담당자는 충분히 오타라고 생각할 수 있죠. 녀석도 그렇게 생각했고, 당당히 말했대요. 오타가 아니라고요.

그런데 장학금을 전달하는 부서에서 다시 한 번 연락이 온 거예요. 아마도 녀석이 오타가 아니라고 했던 말이 전달이 안 된 모양이에요. 녀석은 또 한 번 이야기했죠. 오타가 아니라고요. 그런데 장학금이 입금되는 날, 입금하시는 분이 또 한 번 확인을 하셨어요. 혹시 오타 아닌가 싶어 연락을 해서 물으셨죠. 아이는 세 번째, 똑같은 답을 하게 된 거예요.

"오타 아니에요. 아빠랑 저랑 성이 다릅니다."

아이는 한 번은 괜찮았다고 말했어요. 두 번째도 그럴 수 있다고 생각했대요. 그런데 세 번째 이렇게 말하고 나니 이런 생각이 들더래요.

'교회는 아빠랑 성이 다르면 다닐 수 없는 곳인가 봐.'

그 생각에 마음이 힘들어져 저에게 물었던 거예요. 장학금 받고 교회 안 나오면 벌을 받느냐고….

저는 쥐구멍에라도 숨고 싶은 마음이었는데, 녀석은 그동안 이야기하지 못해 미안하다며 자신의 삶을 더 이야기해줬어요.

녀석은 다섯 살 때 엄마 손을 잡고 도망쳐 나왔어요. 녀석의 아빠는 폭력을 심하게 행사하는 사람이었거든요. 아빠라고 불러본 기억도 없고, 아빠는 무서운 사람이라는 기억만 있었죠. 몇 년이 지나 엄마가 재혼을 하셨어요. 그런데 두 번째 아빠도 첫 번째 아빠와 별반 다를 바 없는 사람이었어요. 두 번째 아빠와도 곧 헤어지게 되었어요. 엄마는 아이에게 다시는 아빠를 만들지 않겠다고 약속을 했어요.

그런데 그 약속은 지켜지지 않았어요. 엄마는 몇 년 후, 세 번째 아빠를 소개했거든요. 아이는 너무 싫었어요. 아빠라고 불러본 적도 없지만 아빠라면 지긋지긋한데, 또 아빠라니요. 게다가 세 번째 아빠는 자신보다 고작 열 살이 많은 사람이었어요. 엄마도 어리지만 아빠는 더 어렸죠. 형이라면 모를까 아빠라는 생각은 절대 들지 않았어요.

녀석은 아빠와 말 한마디 섞지 않고 몇 년의 시간을 흘려보냈어요. 아빠는 이전의 아빠들과 달리 다정했지만, 그 다정함은 거짓이라 생각했어요. 또 곧 돌변해 자신과 엄마에게 폭력을 휘두를 거라 생각했죠.

그런데 아니었어요. 세 번째 아빠는 좀 달랐죠. 녀석은 처음으로 알게 되었어요. 아빠는 엄마가 힘들면 안마도 해주는 사람이라는 것을요. 아빠는 엄마가 늦게 오면 걱정된다고 마중도 나가고, 엄마에게 사랑한다는 말을 한다는 것을요. 아빠는 엄마를 행복하게 만드는 사람이기도 하다는 것을요. 녀석은 세 번째 아빠 덕분에 아빠라는 이름이 무서운 게 아니라는 걸 처음으로 알게 된 거예요.

녀석은 아빠의 생일 선물을 준비했어요. 아빠가 그토록 바라던 선물이었죠. 아빠가 자주 "아빠라고 한 번만 불러주면 안 돼?"라고 물었는데 한 번도 불러주지 않았거든요. 아빠라고 한 번도 불러본 적이 없어 어색하기만 해서요. 그런데 아빠의 생일날 용기를 냈어요. "아빠, 생일 축하해요!"라고 말한 거예요.

아빠가 하늘을 날 듯이 기뻐했어요. 녀석은 그 웃음을 잊을 수가 없대요. 녀석은 그날부터 아빠랑 조금씩 대화를 나누었어요. 점점 아빠와 친해졌죠.

어느 날 아빠가 물었어요.

"넌 꿈이 뭐야?"

"가수가 되는 거예요."

녀석이 말했어요.

녀석의 엄마는 시골에서 오랫동안 작은 노래방을 운영했거든요. 엄마가 바쁠 때 녀석은 노래방의 비어 있는 방에 들어가서 혼자 놀았어요. 번호를 누르고 마이크를 들고 노래를 부르는 게 녀석의 놀이였죠. 그러다가 꿈을 꾸게 된 거예요. 노래방이 아니라 무대에서 노래하는 사람이 되고 싶다고요.

아빠는 녀석의 꿈을 듣고 가수가 되는 걸 가르치는 학원을 찾아다녔어요. 그런데 녀석이 사는 시골에는 그런 학원이 없었어요. 누군가 말해주었죠. 서울에는 그런 학원이 있다고. 아빠가 엄마를 설득해서 서울로 왔어요. 녀석의 꿈을 밀어주고 싶어서요. 작은 가게를 내고, 녀석을 보컬 학원에 보냈어요. 학원비는 생각보다 비쌌지만, 아빠는 녀석에게 티를 내지 않았어요.

하지만 녀석은 눈치를 채버렸죠. 아빠랑 엄마의 수입으로는 학원비를 감당하기가 벅차다는 것을요. 게다가 연습실을 사용하려면 비용을 추가로 내야 하는데, 부모님께 그걸 말하기가 너무 미안했어요. 집에서 연습을 하면 좋은데, 집에는 피아노가 없고요. 그래서 고민을 하고 있는데 학원 선생님이 이런 말을 했어요.

"그럼 교회에 가봐. 교회에는 피아노 많아."

녀석은 해답을 얻었다는 생각에 기쁜 마음으로 교회를 찾아왔던 거예요.

"얘기해줘서 고마워. 김치찌개 다 식었다. 얼른 먹자."

저는 눈물을 꾹 참고 말했어요. 김치찌개가 코로 들어갔는지 입으로 들어갔는지 모르겠어요. 말로 표현할 수 없을 만큼 많이 미안했어요.

"진짜 벌은 안 받아요?"

녀석이 다시 물었죠.

"응, 진짜야. 그런데 마음 풀리면, 꼭 다시 나왔으면 좋겠어."

녀석은 고개를 끄덕였어요. 하지만 그 이후로 교회에 나오지 않았어요. 그저 거리에서 저를 만나줄 뿐이었어요.

사실 담당자 분들도 잘못은 없어요. 몰라서 그랬잖아요. 하지만 우리의 잘못은 바로 거기에 있을지도 몰라요.

하나님은 이웃을 사랑하라고 하셨잖아요. 그 '이웃'에는 조건이 없어요. 우리와 어울릴 만한 이웃을 사랑하라는 게 아니라, 그냥 이웃이잖아요. 그런데 세상에는 이웃이 많은데 교회에는 우리와 어울릴 만한 이웃만 있다면요?

하나님이 고아와 과부를 품으라고 하셨잖아요. 그런데 왜 교회에는 그들이 없을까요? 세상에는 고아와 과부가 많은데 왜 세상 속의 교회에는 별로 없죠? 세상에 있는 100명의 이웃 중에, 우리가 품겠다고 하는 이웃은 1인 걸까요? 세상에 1이 있다면 말이 되지만 세상에 100이 있다면, 적어도 교회에 10은 들어올 수 있어야 하지 않을까요?

제가 세상에서 아이들을 만나보면 아빠와 성이 다른 아이가 참 많아요. 엄마와 아빠가 없는 아이도 참 많아요. 가정이 이렇게 여러 형태구나, 하고 느낄 때가 많아요. 그런데 교회에서 아이들을 만나면 거의 다 부모님이 있어요. 교회 문 밖에는 부모님이 없는 아이들도 참 많은데요. 교회 문 안에는 왜 그 아이들이 없을까요? 저는 이런 현상이야말로 진짜 우리의 잘못이라고 생각해요.

세상의 청소년이 100이라면 교회에 다니는 청소년은 3이래요. 통계마다 다른데 적게는 1, 많게는 3이라 하더라고요. 그럼 우리는 밖의 97을 품으려고 노력해야 해요. 어쩌면 97은 우리의 생각보다 아플 거예요. 우리의 이상한 거룩의 잣대로는 절대 거룩할 수 없는 아이들일 거예요. 오래 보지 않아도 한 번만 보면 '우리 아이와 놀게 하고 싶지 않은 아이'라는 판단이 들지도 몰라요. 그런데 하나님의 마음을 품고 다시 생각하면 그 아이도 우리 아이잖아요. 눈으로 판단하지 말고 마음으로 품어주세요. 무조건 포용해주세요. 새로 온 아이의 조건이 눈에 보이면 눈을 감아주세요.

아이의 뒷얘기를 하면 아이가 결국 알게 돼요. 정말 걱정이 되어 기도 제목으로 나누고 싶은 문제는 전도사님이나 목사님과 나누고 기도해주세요. 판단을 말로 하면 더 단단해져요. '규정'과 '선입견'이라는 이름으로 아이와 선생님의 사이를 갈라놓을 거예요. 그렇게 만들어진 '규정'과 '선입견'은 하나님 말씀으로도 잘 깨지지 않을 만큼 단단하거든요.

우리는 아이에게서 비전을 볼 수 없어도 하나님은 비전을 보시잖아요. 하나님이 비전을 품은 아이들이니, 하나님이 우리에게 그러셨던 것처럼 있는 모습 그대로 포용해주세요. 그 사랑의 품에서 아이가 하나님을 만나 우리처럼 여전히 죄인이지만 사랑받는 죄인이 될 수 있었으면 좋겠어요.

'신뢰'했으면 좋겠어요

이번에는 '신뢰'에 대해 말씀드릴게요. 신뢰는 말 그대로 아이를 믿는 건데요, 아이에게 계획되어 있을 '하나님의 타이밍'과 아이의 '너머'를 신뢰해달라고 말씀드릴 거예요.

언젠가 한 어머니가 페이스북 메시지를 주셨어요.

'작가님, 고민이 있어서 메시지 드려요. 제 아들이 고3인데 수련회를 앞두고 있어요. 보내야 하나 말아야 하나 고민하다가 수련회 포스터를 보니 작가님이 강사시길래 한번 여쭤보고 싶어 용기 내어 연락드리네요.

아들을 수련회 보낼까 말까 고민한다고 하면, 고3이라서 입시 때문에 그런다고 다들 오해를 해요. 그런데 그건 아니에요. 중1 때부터 여름, 겨울 수련회에 빠지지 않고 보냈는데 아이가 바뀌지 않는 거예요. 둘째 날 밤이 되면 전화를 해서 울면서 엄마 사랑한다, 내가 이제 잘하겠다 하는데, 돌아와서 일주일만 지나면 똑같아요. 교회 가라고 소리질러 깨워야 하고… 잘하겠다고 하지를 말든가, 좀 변하든가 해야 하는데 매번 이렇게 반복이니 보내서 뭐하냐는 생각이 들어요.'

'어머니 마음이 이해돼요. 저 같아도 그런 마음이 들었을 거예요. 하지만 저에게 질문을 하셨으니 답을 할게요. 수련회에 보내주세요. 이게 제가 드리는 답이에요. 아이가 원하지 않는다면 더 의견을 나눠보셔야 하겠지만, 아이가 원하는데 어머니가 고민하시는 경우인 것 같아 이렇게 말씀드려요.

그리고 확실히 말씀드리고 싶은 건, 아이는 안 변한다는 거예요. 2박 3일 수련회에 가서 은혜받고 운다고 해서 아이가 변한다고 생각하시면 그게 오해예요. 사람은 2박 3일로 변하지 않아요. 그런데 왜 보내라고 하냐고요? 수련회에서 받은 은혜가 갑자기 삶을 바꿔놓을 수는 없어도 하나님의 타이밍에 빛을 발할 거니까요.

나중에 아이가 자라 회사 다닐 때 상사에게 꾸중을 듣고 힘이 빠진 날 수련회 때 들었던 말씀이 툭 튀어나와 힘을 주겠죠. 그래, 그때 들었잖아, 나는 있는 모습 그대로 사랑받는 사람이라고, 하나님이 그렇게 날 사랑하신다고… 그 말씀 붙잡고 기죽지 말고 다시 해보자, 하고요. 우리처럼 중년이 되어

여태 뭐하고 살았나 우울한 생각이 들 때 수련회 때 들은 찬양이 생각나는 거예요. 그 찬양을 부르며 다시 주님께 한 걸음 더 갈 수 있겠죠.

신앙의 추억은 그런 힘이 있어요. 인생의 힘든 순간, 툭 튀어나와 다시 나를 살리는 힘. 그 힘이 필요한 순간, 그 하나님의 타이밍에 나를 일으키는 힘이 있죠. 그런 하나님의 타이밍을 위해 보내주세요.'

저는 이렇게 답을 드렸어요. 어머니는 고맙다며 아이가 수련회에 가는 걸 허락하겠다고 하셨죠.

저는 수련회뿐 아니라 아이의 주일 예배도, 선생님의 칭찬과 응원도 하나님의 타이밍이 있다고 생각해요. 지금은 왜 예배를 드리는지 잘 모른 채 그냥 나오는 걸 수도 있지만, 어느 날 분명히 알게 될 거예요. 마음에 쌓인 매주일의 예배가 얼마나 살아가는 힘을 주는지….

선생님이 "너는 정말 소중해!"라고 말하면 지금은 그냥 오글거린다고 할지 모르지만, 언젠가 그 말이 툭 튀어나와 아이에게 힘을 줄 거예요. 자신이 정말 형편없어 보일 때 마음속에 머물러 있던 그 한마디가 툭 튀어나와 응원을 보내주겠죠. 그 순간은 하나님의 타이밍이기에 우리가 예상할 수 없지만, 분명히 존재할 거예요. 우리가 예상한다 해도 그렇게 기가 막힌 순간을 예상할 수는 없었겠다 싶을 만큼 소름끼치게 딱 맞는 하나님의 타이밍일 거예요.

그러니까 신뢰해주세요. 그 타이밍이 우리에게 맡겨진 한 영혼 한 영혼에게 다 있다는 것을요. 우리가 하나님의 타이밍으로 다시 일어나 걸을 수 있었던 것처럼 아이들도 그럴 거예요. 지금은 알 수 없지만, 알 수 없기에 더 신뢰할 수 있는 타이밍이잖아요. 그 타이밍마저 하나님의 계획하심 안에 있을 테니까 아이를 향한 계획하심을 믿는 것이기도 하고요. 아이의 지금을 보며 기대가 없어진다면, 실망이 커진다면, 하나님만이 예상하고 계실 그 타이밍을 더 신뢰해주세요.

그 다음에는요, 아이의 '너머'를 신뢰해주세요. 저에게 맡겨진 영혼들은 지금의 모습으로는 정말 답이 없었어요. 지금의 모습만 보아서는 하나님의 타이밍은커녕 제 타이밍도 믿을 수 없었죠.

그렇다고 그들에게 미래도 없는 건 아니잖아요. 답이 없는 녀석들에게 미래도 없는 것처럼 말하는 어른들을 보면 참 속상해요. 지금 답을 찾을 수 없다고 미래에도 답이 없는 게 아니라, 지금 답이 없다면 오히려 미래에서 더 답을 찾아야 하는 거 아닐까요? 저는 그렇게 생각해요.

얼마 전에 한 쉬키가 묻더라고요.

"하나님은 술 마셔요?"

"아니."

"에이, 그럼 무슨 재미로 살아요?"

저는 너무 어이없어서 웃고 말았죠. 그런데 저와 쉬키들 사이에서는 이런 대화가 특별한 게 아니에요. 아주 평범하고 보편적이에요. 그래서 지금의 모습을 신뢰하고 싶지만 잘 안 될 때가 많아요. 그런데 너무 믿고 싶은 거예요. 내 쉬키를 내가 안 믿으면 누가 믿어주겠어요?

그래서 제가 생각해낸 단어가 '너머'예요. 지금 말고 아이의 너머, 아이의 미래요. 제가 예상한 것보다 훨씬 찬란할, 저는 계획할 수 없지만 하나님만은 계획하고 계신 아이의 내일이요. 그 내일을 기대하고 믿기 시작했어요. 그랬더니 참 신기하게도 지금이 감사한 거예요. 눈부시게 찬란할 아이의 지금을 함께하는 게 기쁘더라고요.

저는 참 꿈이 많았어요. 지금도 꿈을 꾸고 있고요. 지금 제 꿈은 청소년을 위한 서점을 운영하는 거예요. 청소년들이 찾아오면 이야기를 나누고 딱 맞는 책을 추천해주고요, 함께 책을 읽기도 하고요. 한쪽에 있는 상담실에서 상담도 할 거예요. 생각만 해도 기분이 좋아지는 꿈이에요.

그 외에도 몇 가지 꿈이 더 있는데요, 어렸을 때도 그랬어요. 아무리 어려운 상황에서도 꿈은 여러 개 있었던 것 같아요. 그중 한 가지가 청소년 수련회를 가는 거였어요. 아버지가 너무 엄해서 저녁 7시가 통행금지 시간이었는데요, 7시가 지나서 들어가면 5분마다 한 대씩 맞았죠. 고3 때부터 교회를 다녔는데 저녁 예배에 너무 가고 싶은 거예요. 예배가 7시 시작인데 7시까지 집에 들어가야 하니 갈 수가 있어야죠.

그런데 갈 수 있게 되었어요. 교회 친구들이 도와줬거든요. 제가 7시 이전에 집에 들어가서요, 방에 들어갔어요. 방에서 공부한다고 그러면 아빠가 문을 열지 않으셨거든요. 친구들은 저희 집 베란다 밑에서 대기하고 있고, 저는 방 창문을 넘었어요. 창문을 넘으면 베란다였는데 베란다 창문도 넘으면 나갈 수 있었죠. 다행히도 저희 집은 1층이어서 가능한 일이었는데, 1층이어도 뛰어내릴 수는 없었어요. 제가 겁이 많은데다 1층 치고는 꽤 높은 편이었거든요.

그래서 친구들이 밖에서 대기하고 있었던 거예요. 제가 내려오면 한 녀석이 엎드리고 나머지 녀석들이 저를 붙잡았죠. 저는 저를 붙잡아주는 친구들을 의지해, 엎드려 있는 친구를 디디고 내려와서 함께 교회로 뛰었어요. 정말 스릴 넘치고 행

1부/ 진심이면 돼요

복한 시간이었죠. 예배가 끝나면 친구 한 명이 다시 엎드리고 나머지 친구들이 저를 붙잡아서 올려주었어요. 저 때문에 자주 엎드렸던 친구가 요즘도 허리가 아프다며 치료비를 내놓으라고 농담을 해요(사실 저만 농담이라고 하고 친구들은 다 진담이라고 한답니다).

그렇게 저녁 예배도 힘들게 다녔으니 수련회는 당연히 갈 수 없었겠죠? 멀리 가서 2박을 하고 오는데 어떻게 아빠를 속일 수가 있겠어요? 어림도 없는 일이었어요. 친구들이 수련회에 가면 저는 너무 같이 가고 싶어서 울고, 아빠한테 허락해달라고 말해봤다가 혼나고 맞고 그랬어요. 수련회에 가는 게 꿈이 될 수밖에 없었죠.

나중에 결혼을 하고 아빠를 벗어나 드디어 수련회에 갈 수 있게 되었어요. 하지만 청소년이 아니니 청소년 수련회는 못 가잖아요. 그게 너무 슬프더라고요. 청소년으로 돌아가고 싶다고 기도를 해볼까 했는데 안 했어요. 돌아가면 아빠가 계실 테니 또 수련회는 못갈 것 같더라고요. 기도해도 시간이 돌아가지는 않겠지만 기도도 못하겠다 싶으니 더 슬펐어요.

그러다가 현수막 하나를 보고 눈동자가 커졌죠. 현수막에는 이렇게 쓰여 있었어요. "중고등부 수련회에 함께 갈 보조교사를 모집합니다."

진심의 관계를 형성하는 요소가 있어요

와, 그 방법이 있었던 거예요. 청소년은 아니지만, 보조 교사로 함께 가면 수련회는 갈 수 있는 거죠. 그 현수막이 하나님의 선물 같았어요. 저는 얼른 교육부 사무실로 가서 보조 교사 신청을 했어요. 결혼하고 교회를 옮겨서 교회 분들을 아무도 모를 때였어요. 교육부 사무실이 어딘지도 몰랐는데, 교회 사무실에 물어서 찾아갔죠. 보조 교사를 신청하고 오는데 작가로 데뷔해 처음 책이 나왔을 때만큼 기쁘더라고요.

드디어 수련회에 가던 날, 너무 설레었어요. 보조 교사로 갔다기보다 제 마음속 청소년이 살아나는 시간이었던 것 같아요. 참 많이 울고 은혜받고 신나고 즐거웠어요. 지금은 아이들이 수련회 가기 싫다고 해도 공감하고 이해하는데, 그때는 안 그랬어요. 억지로 끌려온 것 같은 표정을 짓는 아이들을 보면 이해가 안 되었어요. 내가 그렇게 바라고 꿈꾸던 삶을 살고 있는데 왜 울상인지 이해가 안 되더라고요.

수련회를 마치고 돌아왔는데 교육부장님이 저를 찾으셨어요. 교사가 부족한데 바로 교사를 해줄 수 있겠냐고, 제가 새 신자라서 잘 몰랐는데 수련회에 가서 하는 걸 보니 아이들을 사랑하는 마음이 많은 것 같다고 하셨어요. 사실 저는 제가 수련회에 갔다는 게 더 신이 난 건데, 교육부장님은 저를 좋게 봐주셨더라고요. 그게 참 죄송해서 수락했던 것 같아요.

물론 수련회를 계속 갈 수 있다는 생각에 설레기도 했고요.

"네, 열심히 해보겠습니다."

교육부장님은 고등부를 해보겠냐고 물어보셨는데 저는 중등부를 하겠다고 했어요. 결혼은 했지만 나이는 어렸거든요. 스물여섯 살이었으니까 고등부 아이들과 너무 나이 차이가 안 난다는 생각이 들었죠. 그런데 결국은 고등부를 하게 되었어요. 무려 고3반을요. 고3 담당 교사가 많이 부족한 상황이었거든요. 뭐 그냥 친구처럼 놀면서 해보자, 하는 마음으로 수락했어요.

그런데 참 신기했죠. 목자의 마음도 없었고, 엄마가 되어본 적도 없었는데, 우리 반 아이들이 내 양 같고 내 쉬키 같았어요. 그런 제 마음에 제가 더 놀랐던 거 같아요. 하나님이 주신 마음이었겠지만요.

내 쉬키들이 그저 사랑스럽고 예뻤어요. 맛있는 걸 먹이고 싶고, 선물을 사주고 싶고 그랬죠. 그런데 돈이 없었어요. 저도 남편도 아르바이트를 하고 있는 상황이라 수입이 적었죠. 그래도 아이들에게 너무 사주고 싶어서 매달 수입에서 3만 원을 따로 떼어놓았어요. 그때 제게 3만 원은 정말 컸어요. 지금으로 따지면 30만 원 정도 떼어놓는 느낌일 것 같아요. 정말 제가 먹고 싶은 것 못 먹고 떼어놓는 돈이었죠.

그 3만 원으로 한 달에 한 번, 매달 셋째 주 주일에 떡볶이 파티를 했어요. 매주 사주지 못해 미안했는데 오히려 아이들이 한 번도 고맙다고, 한 번이면 된다고 했죠. 참 고마운 아이들이었어요.

그중에 얄미운 녀석이 한 명 있긴 했지만요. 그 녀석은 얄미울 수밖에 없었어요. 간식을 먹는 셋째 주에만 교회에 나와서 간식을 먹고 가는 거예요. 그것도 제일 많이요. 다른 주일에 나오지도 않으면서요. 전문 용어로 '먹튀'(먹고 튀는 사람의 줄임말)였죠. 나는 정말 힘들게 떼어놓는 간식비인데, 매주 잘 나오는 녀석들보다 더 많이 먹으니 점점 얄미워지더라고요.

그래서 제가 머리를 썼어요. 간식을 먹는 주일을 바꿨어요. 둘째 주로요. 아무에게도 말 안하고 바꿨죠. 지금 생각하면 부끄럽지만 그렇게 저는 유치하고 부족한 인간이었어요. 지금 아이들을 먹이며 사는 걸 보면 신기할 정도로 속 좁은 사람이었죠. 간식을 둘째 주로 바꾼 걸 아무에게도 말하지 않았어요. 미리 공지를 하면 그 얄미운 녀석이 간식 먹을 때 맞춰서 나올 테니까요. 당일, 예배에 일찍 나온 아이들에게 처음으로 말했죠.

"얘들아, 이번 달부터는 둘째 주에 떡볶이 파티를 하려고 해. 매번 셋째 주에 했으니까 이번 달부터는 한 주 일찍 먹자."

"오오, 그럼 오늘이네요! 좋아요!"

아이들이 좋아하고 있는데 예배실 문이 열렸어요. 저는 그때 정말 동공이 튀어나오는 줄 알았죠. 바로 그 녀석이 들어오는 거예요. 매번 간식을 먹는 셋째 주일에만 나오던 녀석이요. 제가 놀라서 물었죠.

"어, 웬일로 둘째 주에 왔어?"

"아, 떡볶이 먹을 때만 와서 죄송해서요. 오늘 한 번 더 와봤어요."

"와, 잘했어."

저는 마음에도 없는 소리를 했죠. 떡볶이를 먹는데 그날도 그 녀석이 제일 많이 먹는 거예요. 너무 얄미워서 기도를 했어요.

"하나님, 저 녀석은 이름도 까먹게 해주세요. 너무 얄미워요."

몇 년이 흘렀어요. 저는 아기를 낳고 교사를 쉬고 있었죠. 어느 주일 날, 아기를 업고 교육부 사무실 옆을 지나가는데 한 청년이 저를 불렀어요.

"써나쌤!!!"

무척 반가운 목소리가 들려와 뒤돌아보았죠. 제 동공이 오랜만에 튀어나올 뻔했어요. 글쎄, 그 녀석이 청년이 되어 서 있는 거예요. 그런데 이런… 이름이 기억나지 않는 거예요. 그때 알았어요. 기도는 정말 함부로 하면 안 된다는 걸. 그렇게 반갑게 인사를 하는데 먹튀라는 것밖에 기억이 안 나다니, 정말 쥐구멍에라도 들어가서 깊이 회개하고 싶었어요.

"어… 어… 웬일이야?"

"아, 제가 쌤 정말 찾았는데 교사 쉬고 계시다고 해서 어떻게 만나지, 고민하고 있었어요. 제가 커피 한 잔 사드릴게요."

"그래, 그래."

저는 먹튀와… 아니, 의젓한 청년과 커피를 마시러 갔어요. 사실 궁금했거든요. 청년이 된 녀석은 앞치마를 하고 있었어요. 유아부, 유치부 교사들이 하는 전국 공통의 앞치마, 아세요? 하늘색과 분홍색 두 종류인데 앞에 커다랗게 강아지 캐릭터가 그려져 있는 앞치마요. 저희 교회에서 그 앞치마는 유치부 교사가 하는 건데, 그 녀석이 그걸 하고 있는 거예요. 이상했어요. 고3 졸업 이후로 교회에서 보지 못했던 아이가 교사를 하고 있을 리는 없다고 생각했어요. 더군다나 교회를 잘 다녔던 아이도 아니고, 그저 먹고 튀는 아이였잖아요.

그날, 저는 그 아이와 커피를 마시며 계속 쥐구멍을 찾았어요. 아, 정말 그렇게 부끄러운 순간이 인생에 몇 번이나 될까 싶더라고요.

아이는 고3 때 아버지가 돌아가셨대요. 주부였던 엄마가 일을 시작했지만 수입이 적었죠. 집은 점점 어려워졌어요. 떡볶이가 먹고 싶어도 그 얘길 못할 정도였죠. 그런데 교회만 오면 떡볶이를 주는 거예요. 솔직히 떡볶이 때문에 교회에 나왔대요. 스무 살이 되던 해, 군대에 지원을 했대요. 얼른 군대에 다녀와 돈을 벌어서 엄마를 부양하고 싶어서요. 군대에서도 교회에 갔대요. 떡볶이는 없었지만 초코파이가 있어서요. 몰래 한 개를 더 가져와도 아무 말 안 해서 너무 좋았대요. 군대에 가서는 초코파이 때문에 교회에 나갔던 거예요.

그러던 어느 날, 목사님이 "예수님이 돌아가셨어. 우리 때문에, 우리의 죄 때문에…"라고 설교를 하시는데 그게 믿어지더래요. 이상하게 눈물도 나고요. 처음으로 설교를 마음으로 듣게 되었죠. 그날 내무반에 돌아와서 무척 놀랐대요. 은혜받고 우느라 초코파이를 안 먹고 왔더래요. 먹는 걸 잊어버리고 예배를 드렸던 첫날이었죠. 그 이후로는 정말 예배를 드리러 교회에 나갔대요.

시간이 지나 제대를 앞두게 되었는데, 교회에서 기도를 하다가 제 생각이 났대요. '와, 선생님은 떡볶이만 먹고 가는 내가 정말 얄미웠겠다' 하는 생각이 들더래요. 그리고 기도를 했대요. "제가 선생님의 은혜를 갚는 길은 교사가 되어 아이들을 먹이는 사람이 되는 것 같아요. 제대하고 바로 교사를 하겠습니다" 하고요.

이 녀석은 정말 제대하자마자 교육부 사무실을 찾아갔어요. 저처럼 고등부 교사를 지원했는데 나이가 너무 어려서 유치부 먼저 하라는 연락이 왔대요. 그래서 유치부 교사를 하고 있다가 저를 만난 거예요.

제가 왜 부끄러웠는지 아시겠죠? 저는 먹튀가 평생 먹튀일 줄 알았거든요. 그 아이의 너머에 하나님의 이런 계획이 있을 거라고는 상상도 하지 못했어요. 제가 상상도 못했던 일이 현실로 일어나는 걸 보면서 결심을 했어요. 지금 아이에게 답이 없다고 신뢰할 수 없다고 말하지 말자고요. 지금 답이 보이지 않을수록 아이의 너머는 더 찬란할 거라는 걸 믿자고요.

이 녀석을 만나지 않았다면 아무리 '너머'를 믿는다고 해도 흔들렸을 거예요. '너머'보다는 '포기'라는 단어를 더 자주 떠올렸을 거예요. 이 녀석 덕분에 지금 만나는 아이들의 '너머'를 더 확고하게 믿을 수 있게 되었죠. 이 책을 읽는 선생님에게도 아이들의 '너머'를 믿어달라고 확실하게 말씀드릴 수도 있게 되었고요.

사실 교회는 아이들에게 '너머'가 있다는 걸 자주 확인할 수 있는 곳이에요. 어렸을 때 정말 장난꾸러기였던 아이가 어엿한 청년이 되어서 예배드리는 모습 보셨잖아요. 또래 중에 누구라고는 말할 수 없지만 정말 너무 말썽꾸러기여서 결혼을 한다는 건 상상도 못했던 친구 있잖아요. 그 친구가 결혼한다고 주보 광고에 나오는 거 보셨잖아요. 교회 권사님이 진짜 골칫덩어리라고 입버릇처럼 말하던 권사님 아들이 듬직한 가장이 되어서 자기 아이의 영아 세례를 받기 위해 강단에 올라가는 모습도 보셨죠?

잠깐만 생각해봐도 이런 예가 정말 많아요. 그런 모습들 보면서 "정말 신기하네" 하며 감탄하는 걸로 끝내시면 안 돼요. 우리는 교사니까, "야~ 정말 하나님의 계획이 저 친구의 너머에 있었구나" 하며 감탄하셔야죠. 그리고 "그 찬란한 너머가 저 친구에게 있었으니 지금 우리 아이들에게도 있겠구나" 하며 적용하셔야죠.

누구에게나 '너머'가 있어요. 우리에게도 지금이 '너머'잖아요. 만약에 우리에게 지금이라는 '너머'가 없었다면, 옛날 그 모습 그대로였다면 어땠을까요? 정말 아찔하지 않아요? 우리 스스로도 예상할 수 없었지만 지금이라는 너머가 있기에 이만큼이나 성장했네요. 앞으로도 더 성장하겠죠. 앞으로도 우리가 예상할 수 없지만 '너머'가 존재할 테니까요.

아이들도 그래요. 우리 먹튀뿐만 아니라 모든 아이들에게 '너머'가 있어요. 교사인 우리가 그 '너머'를 신뢰해주고 기대해주면 좋겠어요. 하나님의 계획에는 예외가 없으니까요.

'시간'과 '물질'이 필요해요

교사 강의에 가면 초임 교사들이 많이 묻는 질문이 두 가지 있어요.

"시간을 많이 투자해야 하죠?"

"간식 사줄 돈이 있어야 하죠?"

먼저 첫 번째 질문에 답을 드리면 "예스"예요. 시간 많이 투자해야 해요. 저는 수학을 잘 못하는데요, 하나님은 정말 수학을 잘하세요. 엄청 계산을 잘하시더라고요. 우리가 아이들을 위해 투자하는 1분 1초를 안 버리시더라고요. 아이를 생각하며 흘렸던 눈물을 한 방울도 안 버리시더라고요. 저는 잊었는데 그분은 다 기억하고 쌓아두고 계셨다는 걸 깨달을 때가 참 많아요.

그 깨달음을 우리가 공유할 수 있게 저도, 선생님도 시간을 투자했으면 좋겠어요. 무엇보다 사랑은 사랑하는 '시간', 사랑을 표현하고 나누는 '시간'을 빼놓고 할 수 없는 거잖아요. 시간을 투자해주세요. 물론 선생님이 할 수 있는 만큼 하시면 돼요.

월요일부터 금요일까지 정신없으시잖아요. 어떤 선생님에게는 '월화수목금'이 아니라 '월화수목금금금'이기도 할 거예요. 정신없고 바쁜 일상에서 아이를 위한 시간을 따로 빼서 사용하는 게 부담이 되는 일이죠. 저도 그래요. 그래서 할 수 있는 만큼만 먼저 시작했어요.

따로 빼서 기도하는 게 부담이 되어서 어떻게 할까 고민했더니, 답이 나오더라고요. 출석부를 복사해서 냉장고에 붙이는 거예요. 뭐 유명한 레시피를 적어서 냉장고에 몇 날 며칠 붙여놔도 실제로 요리를 하게 되지는 않더라고요. 그래서 그 레시피를 떼고 아이들 이름을 붙였어요. 냉장고 열 때마다 이름을 보며 기도한 거죠. 우리 민지 감기 낫게 해주세요, 우리 철수 학교 다시 다니게 해주세요… 이렇게요. 정말 몇 초 걸리지 않았는데, 이 몇 초가 쌓여서 주일날 아이들 만나는 제 맘이 달라지더라고요.

꼭 냉장고가 아니더라도 눈길이 자주 가는 장소에 출석부를 붙여주세요. 책상도 좋고 화장대도 좋아요. 화장품 파우치를 자주 꺼내서 화장을 수정하는 선생님은 파우치에 붙여주세요. 돈이 없어도 지갑을 자주 꺼내 보는 선생님은 지갑 안에 카드처럼 작게 오려서 넣으시고요. 우리 모두 휴대폰은 자주 보게 되잖아요. 그럼 예쁜 사진에 아이들 이름을 적어 넣고 배경화면으로 설정하세요. 깨톡이 왔나, 하고 휴대폰 볼 때마다 아이들 이름이 보이겠죠? 그럴 때마다 이름 부르며 잠깐 기도해주세요. 그 시간이 하늘에 쌓일 거예요.

아이들에게 심방 문자를 보내시는 것도요, 토요일만 정해놓고 하지 말고 생각날 때 한 명씩 하시면 좋아요. 매번 정해진 요일에만 오던 문자가 다른 날 문득 도착하면 아이들은 선생님이 자신을 더 생각한다고 느끼거든요. 우리도 그렇잖아요. 연인이, 배우자가 예상치 못한 시간에 문득 "뭐해?", "밥 먹었어?" 물으면 사랑을 더 느끼잖아요.

주의할 점은, 심방은 문자든 만남이든 일대일이라는 거예요. 아무래도 우리는 단체문자를 더 자주 보내게 되잖아요. 그런데 단체문자는 아이들이 느끼기에 스팸일 뿐이에요. 워낙 아이들은 그런 문자의 홍수에 노출되어 있거든요. 우리가 홈쇼핑에서 온 광고 문자에 답하지 않는 것처럼 아이들도 단체문자에는 답하지 않아요. 스팸과 같으니까요.

하지만 우리도 할 말이 있죠. 매번 일대일로 할 시간은 없잖아요.

'내일 9시까지 은혜홀로 모이세요.'

이렇게 전도사님에게 문자가 오면 복사해서 붙여쓰기 하는 게 제일 편하잖아요. 하지만 방법은 있어요. 아이의 이름을 불러주시는 거예요. 이름을 먼저 부르고, 그 다음에 복사해서 붙여쓰기를 하는 거죠.

'민지야, 내일 9시까지 은혜홀로 모여.'

이렇게요. 아이들은 이름만 불러줘도 일대일 문자로 받아들여요.

게다가 요즘 아이들은 이름을 불러주는 사람이 별로 없대요. 학교에서도 출석부를 안 부르는 경우가 많고요. 학원도 컴퓨터를 이용해서 출석을 확인하고요. 부모님한테서 오는 문자에도 이름이 없대요. 학교나 학원이 끝나면 '끝났어? 얼른 와'라고만 문자가 온대요. "내가 그의 이름을 불러주었을 때, 그는 나에게로 와서 꽃이 되었다"는 김춘수의 '꽃'이라는 시처럼 아이들도 이름을 불러주면 더 활짝 핀 꽃이 돼요. 다크서클이 무릎까지 내려온 꽃들이 조금 더 활짝 필 수 있게 이름을 불러주세요.

심방을 할 때도 일대일로 해주세요. 아무리 재미있게 반을 잘 이끌어가는 선생님이라고 해도 일대일 만남이 없으면 아이들이 '진심의 관계'라고 느끼기가 어려워요. 일대일로 삶의 이야기를 들어주세요. 일대일로 기도제목을 받아주시고요. 일대일로 선생님의 이야기도 들려주시고, 선생님의 기도제목도 나눠주세요.

서로 끈을 하나씩 가지고 있어도 연결하지 않으면 원이 되지 않잖아요. 일대일은 끈을 연결하는 힘이 있어요. 일대일로 아이들을 만나며 하나의 원을 만들 수 있거든요. 아이들 한 명 한 명과 관계가 좋아지면 반 분위기도 더 좋아지고, 모두의 관계도 더 좋아지거든요.

이제 두 번째 질문에 답해드릴게요. "간식 사줄 돈이 있어야 하죠?" 이 질문이었죠.

물질에 대한 질문인데요, 이 질문의 답도 "예스"예요. 이것도 각자 할 수 있는 만큼 하시면 돼요. 마음이 있는 곳에 물질도 가잖아요. 아이들을 사랑하면 사주고 싶은 마음도 생기는 게 당연해요. 하지만 마음은 있는데 돈이 없으면 자존감에 스크래치가 생기기도 하죠. 제가 많은 아이들을 만나고 치킨을 사준다는 게 알려지면서 이런 질문을 참 많이 받았어요.

"저는 치킨 사줄 돈 없는데, 청소년들을 만날 수 있을까요?"

이 질문을 들으면 슬퍼져요. 돈이 있어야 사랑도 하지 않나는, 세상의 질문과 똑같은 것 같아서요. 저도 처음에는 돈 없었어요. 지금도 많지는 않지만, 지금보다 더 없었죠. 치킨 한두 마리 사는 게 힘들 정도였으니까요. 제가 사줄 수 있는 최고의 것이 치킨이었고요, 그래서 살 수 있는 만큼만 샀어요. 점점 아이들이 많아지면서 돕는 손길도 생기고, 신기하게 채워졌지만요. 처음부터 넉넉해서 치킨을 살 수 있었던 건 아니에요.

어느 교회에서 교사 강의가 끝나고 한 선생님이 따라 나오셨어요. 질문 시간에는 질문하지 못했지만, 제가 가기 전에 꼭 하고 싶은 이야기가 있어서 용기를 내신 거예요. 그 선생님이 그러시더라고요. 애들에게 간식을 너무 사주고 싶은데 돈이 없다고요. 남편이 주는 생활비로 생활하시는데, 항상 빠듯해서 간식을 살 수가 없대요. 게다가 남편이 교회 다니는 걸 좋아하지 않는데, 돈이 들어가는 줄 알면 아주 반대할 거라고 하시더라고요. 살림만 20년 해서 그런지 교사를 하는 시간이 더 기쁘고 즐겁대요. 하지만 간식도 한 번 못 사는 사람이 계속 교사를 하면 안 될 것 같다고 하셨어요.

선생님의 이야기를 다 듣고 나서 제가 질문을 했어요.

"선생님, 살림만 20년 하셨으면 반찬 잘하세요?"

"그럼요. 반찬은 여러 가지, 웬만큼 다 해요."

"아, 부러워요. 저는 잘 못하거든요. 그런데 선생님 반 아이들이 몇 명이에요?"

"여섯 명이요."

"그럼 가능하겠네요."

"뭐가요?"

"선생님의 이야기를 듣는데 좋은 생각이 하나 나서요. 이번 주일에 아이들에게 좋아하는 반찬이 뭔지 한 가지씩 말해달라고 하시고요, 한 달에 한 번 아이들이 좋아하는 반찬을 넣은 도시락을 싸가시면 어때요? 괜찮으세요?"

"네, 뭐… 반찬이야 우리 집 반찬 할 때 조금 더 하면 되니까 할 수 있어요."

"그럼 선생님도 할 수 있는 걸 하시는 거고, 아이들도 정말 좋아할 거예요. 요즘 애들이 집밥 무지 좋아하거든요. 텔레비전에서도 집밥 많이 나오잖아요. 그게 다 결여되어서 그런 거예요. 집밥을 잘 못 먹는 시대니까 사람들이 간단히 만들어 먹는 집밥에 열광하거든요. 선생님은 그 집밥을 잘하는 분이니 얼마나 다행이에요. 아마 아이들이 롯데리아나 아웃백보다 더 좋아할걸요."

"다른 선생님 반 아이들이 아웃백을 갔다고 해서… 제가 아이들에게 더 미안해졌던 건데… 정말 그럴까요?"

"네, 그럴 거예요."

선생님은 그렇게 하겠다고 하셨어요. 또 물어볼 게 있으면 연락해도 되냐고 해서 연락처를 드렸어요. 얼마 후에 선생님의 연락을 받고 제가 더 기뻤죠.

"제가요, 작가님이 말씀하신 대로 진짜 했거든요. 한 아이는 메추리알 장조림, 한 아이는 소시지, 한 아이는 오징어채 무침… 아이들이 말한 대로 다 적어서 그 다음주에 찬합에 밥이랑 그 반찬들을 싸갔어요. 몰랐는데, 아이들이 다 아침밥을 못 먹고 교회에 온다면서… 너무 좋아하며 싹 비우는 거예요. 한 아이가 아웃백보다 맛있다고 하는데… 제가 눈물나게 기뻤어요. 감사해요."

"선생님이 사랑을 실천하시는 모습에 제가 더 감동이네요. 감사해요."

참 기분 좋은 대화를 주고받으며 통화를 했던 기억이 나요.

교사를 할 때 돈이 들죠. 사랑하면 사주고 싶죠. 하지만 선생님이 하실 수 있는 만큼 해야지, 더 많이 못해서 교사를 못한다고 생각하시면 안 돼요. 하나님이 헌금 많이 못한다고 우리를 미워하시지는 않잖아요.

누군가에게는 만 원이 누군가에게는 10만 원의 가치이고요, 누군가에게는 10만 원이 누군가에는 100만 원의 가치일 거예요. 그런데 어떻게 금액의 차이로 비교를 할 수 있겠어요? 내가 최선을 다해, 내가 사랑하는 영혼들에게 나누고 싶은 그 마음이면 되는 거죠.

그러니까 레스토랑 못 데려간다고 스트레스 받지 마세요. 청소년들과 더불어 살다 보니 나눔을 하는 사람들을 많이 만나게 되는데요, 그 사람들이 연봉이 높아서, 잘살아서 나누는 게 아니더라고요. 마음이 있어서 하는 거죠. 마음이 없으면 아무리 많아도 나누지 않더라고요. 쌀 한 가마니가 있어도 나눌 마음이 없으면 못 나눠요. 쌀 한 톨이 있어도 마음이 있어야 나누죠. 몇 억이 있는 사람은 더 못 나눠요. 만 원만 빼도 몇 억이 깨지는 거잖아요.

저도 그랬어요. 없을 때는 나눠도 없고, 안 나눠도 없으니 나누는 걸 별로 고민 안 하게 되는데, 수입이 좀 괜찮은 달에는 그것만 잘 가지고 있으면 신용카드 명세서가 나와도 당당할 수 있으니 그 금액 깨는 걸 오히려 더 고민하게 되더라고요. 혹시 선생님도 돈을 더 많이 벌면 그때 교사 해서 더 많이 사줘야겠다 싶은 마음이 드세요? 그렇다면 그 마음에게 얘기하세요. "지금 해야 더 많이 벌어도 하지, 많이 있을 때 하기는 더 힘들어. 지금 하자"라고요.

그 선생님처럼 반찬을 만들 수 있으면 도시락을 싸는 거예요. 저처럼 그건 절대 자신 없으면 치킨을 사주세요. 치킨이 어려우면 햄버거 사주시고요. 김밥밖에 못 사주겠다 싶으면 김밥 사주시고요. 이번 달에는 조금 더 되겠다 싶으면 참치김밥 사주세요. 그거면 돼요. 그 사랑이면 돼요.

[진심의 관계 레시피]

● 주재료: 공감, 포용, 신뢰 ● 양념: 시간, 물질
1. 아이들의 마음을 공감해주세요.
2. 아이들의 모습을 있는 그대로 포용해주세요.
3. 아이들의 너머와 하나님의 타이밍을 신뢰해주세요.
4. 여기에 시간과 물질이라는 양념을 넣어 조물조물 무쳐주시면 아주 맛있는 진심의 관계가 됩니다.

진심의 관계를 형성하는 요소가 있어요

진심값

돈을 받으면 돈값을 해야 하는데
그것보다 어려운 것이 진심값이다.

아이들이 진심으로 원하고
내가 그 진심에 이끌려
어떤 조건도 없이 달려가면
그 진심값을 치러야 한다.

돈값은
그저 열심히 하고 반응이 좋으면 끝인데
진심값은
폐가 아프고 뼈가 저리다.
심장이 뛰고 가슴이 아프다.

그런데 왜 굳이 그 값을 치르려고 하냐면
그렇게 아프게 한마음이 된 후
생명을 호흡하게 되기 때문이다.

생명이 들숨으로 들어오고
날숨으로 나간다.

돈값을 잘 치르면 내가 멋지게 살 수 있지만
진심값을 잘 치르면 죽어가는 한 생명을 살릴 수 있다.

영혼의 인공호흡.
그것이 내가 이 땅에서 치러야 할 진심값이고
그 어설픈 인공호흡에
다시 숨이 트이는 쉬키들이
내가 굳이 진심값을 치르려는 이유다.

진심의 다이어리: 써나쌤이 교사를 하며 적어둔 일기 중에서 선생님들의 '진심'과 하나 되기를 소망하며 '진심'이란 키워드로 엮은 다섯 편의 글입니다.

절벽 끝에서

나를 강의나 SNS 통해 접하신 분들은 약간의 오해를 가지고 계신 것 같다. 청소년을 보면 내 눈에서 하트가 발사되고, 그 하트는 영원한 사랑을 보증하는 큐피트여서 쉬키들이 뭔짓을 해도 예뻐 보이고, 쉬키들을 항상 사랑하는 것 같다고.

오우, 그건 하나님이다. 나는 그렇지 않다. 나는 하나님을 믿는 일개 사람일 뿐이다.

하루에도 수십 번씩 천국과 지옥을 오가며, 정말 내 간이라도 빼줄 수 있을 것 같던 내 쉬키들이 발목을 잡고 늘어지는 괴한으로 보일 때도 있으며, 이 우주에 써나쌤밖에 없는 것처럼 굴던 녀석들이 갑작스런 감정의 기복을 나에게 배출하며 쌔하게 구는 날이면 진짜 사명이던 청소년 사역은, 금방이라도 집어치고 싶은 청소년 사역 따위가 되어버린다.

게다가 나는 평신도이며, 일개 교사다.

내 강의는 내 맘대로 할 수 있으나 교육부 내에서는 내가 정말 하고 싶은 걸 할 수 없다. 내 사랑은 제멋대로이나 사역의 방향은 이미 목회의 거대한 룰로 정해져 있다. 계급은 없으나 다분히 계급적인 직분은 존재한다.

다행히 그 방향과 내 마음의 화살표가 같으면 문제없지만, 지극히 개인적인 이상과 결부되는 룰이란 존재하지 않는다. 그것이 누구의 잘못이라고 할 수는 없다. 모두 아이들을 위한 마음은 같으니 방법론적인 다름을 틀림으로 오인할 수는 없는 일이다.

그런데 문제는 방향도 다르고, 내 맘도 지옥일 때다. 그럴 때면 나는 인간적인 한계를 여실히 드러내며 바닥으로 곤두박질친다. 급기야 "하나님, 나 이제 못하겠어요. 좀 쉴랍니다" 하고 만다. 그게 바로 이번 일주일이었다.

"도저히 못해먹겠어요. 쉬키들도 내 맘을 몰라주는 거 같고, 교회가 추구하는 방향이 저하고는 반대예요. 새 친구들을 품는 반인데 새 친구도 없어요. 기존의 교회에 제가 품는 아이들이 적응하기는 정말 힘들어요. 죽어도 제가 해야 한다면 새 친구를 보내주시든가, 장기 결석자를 보내주시든가, 사역의 방향을 돌리든가 좀 해주세요. 이제 힘이 하나도 없어요."

나는 내가 믿는 하나님께 소리를 질렀다. 그리고 참 많이 아팠다. 밤새 앓았고, 아침에 도저히 일어날 수 없었다.

한 주 빠질까? 예배 후에 갈까? 고민했지만, 쉬키들을 방치하는 것보다는 내 몸을 방치하는 게 훨씬 마음이 편할 것 같았다. 겨우 일어나서 교회에 갔다. 그리고 미칠 뻔했다.

우리 반이 앉는 자리에 새 친구가 있었다. 그리고 그때 도착하는 깨톡. 미치도록 공들였던 장기 결석자였다.

"쌤, 저 교회 다시 가도 돼요?"

"응, 다시 와도 되는데, 다시 오면 절대 다신 안 보내. 지구 끝까지 쫓아갈 거야. 그 말 취소하고 싶으면 지금밖에 기회 없어. ㅋㅋ"

"ㅋㅋ 취소 안 해요. 담주부터 다시 가고, 절대 다시 그만두지 않을게요."

그 답을 받는 순간, 눈물이 쏟아졌다.

나는 하나님이 아니다. 천사도 아니다.

쉬키들이 목숨보다 사랑스러울 때가 있고, 내가 언제 목숨이라 그랬냐며 무르고 싶을 때가 있다.

그런데 이내 미칠 것처럼 아프다.

나 아니어도 사랑해줄 사람 많은 거 아는데, 나 아니면 안 될 것 같은 순간이 있다.

그 순간은 절벽 끝에서 모든 걸 때려치우려고 할 때 온다.

꼭 온다.

어느새 난 그 순간이 꼭 올 거라는 걸 굳게 믿으며, 쉬키들이 날 절벽 끝으로 내몰아도 믿는다.

또 가슴 한쪽을 도려내는 것처럼 아프게 사랑하고 싶은 순간을 맞이하게 될 거라는 사실을…. 그래서 쉬키들의 현재보다 너머를 보게 되는 것, 절벽보다는 날 다시 붙잡을 손을 기대하는 것, 그것이 내가 쉬키들을 포기하지 못하는 이유다.

청소년이 좋다

내가 청소년들 만나는 걸 좋은 일이라고 생각하는 사람들을 종종 만난다. 그건 정말 바로잡아주고 싶은 오해다.

좋은 일이어서가 아니라
좋아서 하는 일이라고.

나는 청소년들의 아름다움을 시도 때도 없이 곳곳에서 본다. 그래서 좋다. 좋아서 하지 않을 수가 없다.

지난 토요일 촛불 집회에서 한 청소년이 말했다.
"저는 2003년 4월 16일에 태어났고, 2014년 4월 16일을 잊을 수 없습니다."
그 한 문장이 사람들의 마음을 울렸다.

또 한 청소년이 말했다.
"세월호 이후 수학여행을 가지 말라는 어른은 있었지만, 우리가 지켜줄 테니 다시는 그런 일 없을 거라고, 있더라도 꼭 다 구조할 테니 안심하고 다녀오라고 말하는 어른은 없었습니다."

그 말은 어른들의 가슴을 찔렀다.

청소년들은 이렇게 마음의 창문을 열 때 입장료를 요구하지 않는다. 그래서 더욱 그 마음의 아름다움을 제한 없이 볼 수 있다.

제한 없이 아름답다.
그래서 좋다.
그래서 할 수밖에 없다.
내가 좋아서.

너머

스무 살이 된 쉬키들과 같이 몇 주, 청년부 예배를 드리고 있다. 여전히 소리 질러 깨워야 하고, 여전히 아이 같은 쉬키들이지만, 스무 살이 되니 왠지 더 듬직하고 든든하다.

지난 주에는 뒤에서 함께 예배를 드렸는데 이번 주에는 쉬키들에게 또래들이 앉아 있는 앞자리로 가라고 말했더니, 앞자리로 가서 앉았다. 나는 그 모습을 뿌듯하게 보고 뒷자리로 가서 앉았다.

곧 시작되는 찬양에 묵직한 감동이 마음을 타고 흘러내렸다. 이미 청년이 된 내 쉬키들이 찬양을 하고, 기타를 치고, 드럼을 치고 있었다. 몰랐던 건 아니다. 그런데 한 무대에 올라가 있는 쉬키들을 보니 말로 표현할 수 없는 뿌듯함이 밀려왔다.

지금은 그저 앞자리에 앉기만 해도 뿌듯한 쉬키들이지만 언젠가 저 무대에서 만날 날을 기대한다.

기대가 있으면 보인다. 아니, 보이니까 기대한다.

안 보고 믿는 믿음이 더 큰 것인데, 나는 그런 큰 믿음은 가지고 있지 않다. 보이니까 믿었고, 보이니까 했고, 보이니까 기대했다. 그리고 그 '기대함'은 다시 '보임'으로 나타난다.

'지금'은 안경을 써야 선명한데, '너머'는 안경을 쓰지 않아도 선명하다.

나는 오늘도 쉬키들의 '너머'를 보며 나아간다.

사람들은 눈치채지 못할 만큼 작은 보폭이지만, 어제보다는 오늘 더 기대할 수 있어 참 다행이다.

인생샷

"여보세요!"

"쌤, 뭐해요?"

"오랜만에 전화 받자마자 뭐야~ 인사를 먼저 해야지~"

"너무 보고 싶어서요."

이럴 때마다 나는 할 말이 없다. 몹시 부끄럽다. 난 꼰대가 아니라고 생각했는데, 꼰대가 아니라고 믿고 싶었던 건 아닌지….

눈이 보이지 않는 몇 명의 아이들을 만난다. 그중에 이 아이도 있다. 전화를 받고 있는데, 이 아이들을 만났을 때 들었던 말이 떠올랐다.

"쌤~ 너무 보고 싶었어요! 하하, 웃기죠? 눈이 없는데 보고 싶다는 거요. 이상하죠? 본 적이 없는데 보고 싶어요."

하나도 웃기지 않았다. 하나도 이상하지 않았다. 본 적이 없는데 보고 싶은 마음은 알 수가 없다. 그런데 알 것만 같았다.

아이와 만날 약속을 잡았다. 아이는 며칠 전부터 매일 연락을 해온다. 설레는 마음이 오롯이 느껴진다. 약속 시간에 몇 분 늦는다고, 만날 수 있는 시간이 그만큼 줄어든다며 아쉬워한다. 그리고 만나자마자 나를 와락 껴안으며 외친다.

"쌤! 우리 만났어요!"

아이를 안는데 아이의 마음이 느껴진다. 내 마음이 숨는다. 이 엄청난 순수 앞에서 도저히 부끄러워 못 나오겠다며….

아이들은 진심을 잘 보여준다. 싫으면 싫고 좋으면 좋고, 보고 싶으면 보고 싶다고 말하고, 안고 싶으면 안는다. 그래서 아이들이 좋다. 마냥 좋은 아이들을 만났다. 먹고 마시며 예수님을 떠올린다. 아이들의 눈이 되어주고 마음이 되어주고 싶을 그분의 진심을 먼지만큼이라도 닮았으면 좋겠다.

"쌤, 사진 찍어요! 우리도 페이스북에 올려줄 거죠?"

"요즘 페이스북은 월요일에만 하는데 괜찮아?"

"네, 기다릴게요!"

사진을 찍었다. 아이들에게 사진을 보내며 사진에 담긴 아이들의 모습을 설명했다. "너희가 웃고 있어. 쌤보다 훨씬 예쁘고 해맑게! 완전 예뻐~ 인생샷이야."

그리고 새삼 깨닫는다. 이 아이들이 나보다 훨씬 더 예수님을 닮아 있음을…. 너희들 사진, 정말 인생샷이라며 웃음 지을 예수님을 상상하며 아이들과 더 먹고 더 웃었다.

2부

사랑이면 돼요

언제나 사랑이
먼저인걸요

지금까지 진심의 관계에 대해 말씀드렸어요. 아이들의 마음을 '공감'하고 있는 그대로 '포용'하고 아이들의 '너머'와 '하나님의 타이밍'을 신뢰하는 것, 거기에 '시간'과 '물질'이라는 양념을 적당히 넣으면 아주 맛있는 '진심의 관계'가 된다는 것에 대해서요.

참 스마트한 시대잖아요. 하지만 관계만큼은 여전히 아날로그여야 하는 것 같아요. 여전히 '촌스러운' 진심이 전해져야 하죠. 아무리 좋은 악기와 세련된 영상으로 예배 형식이 발전했다고 해도 예배에 주님을 향한 촌스러운 진심이 빠지면 안 되잖아요. 세상이 아무리 발전했다고 해도 우리가 아이들에게 전해야 하는 마음은 아날로그로 전해져요. 그리고 그 마음은 진심만큼이나 여전히 촌스러운, 사랑이어야 하죠. 아주 맛있는 '진심의 관계'를 끓이는 냄비 또한 여전히 '사랑'이어야 하니까요.

그럴 때 있으세요? 목적이 분명한데, 자신도 모르게 목적을 잊고 있다가 '내가 뭐하고 있지?' 하며 깨달을 때요. 저는 있어요. 아이들을 먹일 치킨 값을 벌려고 아르바이트를 시작했어요. 작가들은 아르바이트도 원고를 쓰는 것으로 할 때가 많거든요. 그렇게 쓰고 싶은 원고는 아니지만, 돈을 벌기 위해 그야말로 '아르바이트'로 하는 거죠. 저도 그랬던 거예요.

아르바이트의 목적은 확실했죠. '치킨 값'이었으니까요. 그런데 원고가 생각보다 분량도 많고, 자료 조사도 해야 했어요. 그래서 쉬키들이 배고프다고 하는데 못 나갔어요. 미안하다고 사과를 하고 원고를 쓰기 시작했는데 새벽까지 열심히 쓰다가 문득 '내가 뭐하고 있지?' 하는 생각이 들더라고요. 치킨을 사주려고 일을 하는데 일을 하다가 치킨을 사주러 못 나가다니… 너무 후회가 되는 거예요. 다시는 이러지 말아야겠다 했는데 그게 맘처럼 잘 되지는 않더라고요. 목적보다 중요하다고 여겨지는 게 너무 많이 생기고, 일상에 지쳐 목적을 잊을 때도 많죠.

사랑도 그렇더라고요. 교사를 하면서 참 자주 도달한 결론은 역시 '사랑'이었어요. 사랑이면 된다는 걸 정말 많이 느꼈어요. 그런데도 실수를 하죠.

사랑보다 중요한 것이 생겨요. 세상의 기준으로 살다 보니 저도 모르게 사랑보다 다른 걸 우선순위에 둘 때가 있어요. 사랑이 먼저라는 걸 잊을 때도 많아요. 글쓰고 강의하고 바쁘게 다니다 보면 사랑하는 걸, 사랑해야 한다는 걸 잊고 있는 저를 발견하곤 해요. 다시 깨닫고 돌아오니 다행이지, 그대로 쭉 갔으면 진짜 절벽이었겠다 싶은 순간들이죠. 부끄럽지만 그 순간을 나눌게요.

받은 걸 돌려준 게 아니었어요

"몇 시까지 올래?"

"9시 50분이요."

"말도 안 돼. 예배가 9신데? 늦어도 9시 30분까지 와!"

"그럼 9시 40분이요!"

"9시 30분!"

"알았어요. 9시 35분!"

"그래, 알았어."

저는 이렇게 쉬키들과 약속을 하곤 했어요. 이걸 약속이라 착각했던 거죠. 그리고 쉬키가 9시 50분에 오면 화를 냈어요. "쌤하고 9시 35분까지 오기로 했잖아!"라면서요.

그러다 어느 순간 깨달았죠. 제가 미쳤다는 것을요. 그건 약속이 아니었어요. 그걸 깨닫는 데 꼬박 5년이 걸렸어요. 스스로 마지노선을 정해놓고, 그 안에서 대답을 들어야 안심하는 건, 저의 이기심이었죠. 최소한 나에게 그 정도는 해줘야지, 라는 건 어디서 오는 발상이었을까요? 그건 하나님의 사랑과 전혀 무관한 '내가 쏜 치킨 값에 대한 예의'였어요. 대가 없이 주는 거라고 해놓고, "열 개 줬으니 한 개는 돌려줘"라는, 사랑과 무관한 세상의 채무변제 방식을 차용하고 있었던 거죠.

"나라에서 구제하는 제도가 있어요. 최소한 이만큼은 갚으셔야 해요."

언젠가 엄마의 빚 때문에 찾아갔던 기관에서 들었던 말, 그거랑 다를 게 하나도 없었던 거예요.

그렇게 바보 같은 나를 아이들이 참아주고 이해해주고 약속해주며, 5년. 저는 그제야 좀 사람이 되기 시작했죠.

"몇 시까지 올래?"

"9시 50분이요."

"쌤은 30분까지는 오면 좋겠는데… 그럼 50분까진 꼭 와."
"알겠어요."

그리고 45분에 온 아이에게 "완전 좋아!"를 외쳐요. 55분에 온 아이에게 "5분 일찍 왔어야 했음!" 하며 눈을 흘기죠. 50분에 온 아이에게 "약속 잘 지켰음!"이라고 말해요. 가끔 또 내가 시간을 정해서 우길 때면, 그건 순전히 내 소망이었음을 털어놓아요.

사랑에 대가란 없잖아요. 뭘 한다고 대가가 될 수 있겠어요? 그저 주는 거죠.

그리고 아이가 그 사랑을 나에게 준다면, 그건 받은 걸 돌려주는 게 아니라 그저 그 아이의 사랑을 나에게 주는 거죠. 저의 사랑에 대한 변제가 아니라, 언젠가부터 그 아이 맘속에 솟아난 맑은 샘물을 주는 거예요.

그 샘물을 받아들면 그저 반성이 돼요. 저는 아끼며 퍼주었는데 아이는 아낌이 없거든요. 그 샘물 한 바가지 먹고, 다시 행복하다 말하며 돌아보면, 물을 담았던 때가 언제인지 모를, 건조한 아이가 또 서 있어요. 내 소망과 반대되는 삶을 거침없이 잘도 가죠.

예배 시작 전, 문 열리는 소리만 들리면 고개를 돌리는 저에게 한 선생님이 묻더라고요.

"쌤, 또 배신당했죠?"

그 전에도 그런 말 참 많이도 들어서 그냥 웃어넘겼어요. 가끔은 정말 배신당한 것 같아 눈물이 나기도 했고요. 그런데 제 마음에 찔림이 있어서 그런지 "그렇게 사랑하더니 대가가 하나도 없죠?"란 말로 들리더라고요. 그래서 일부러 힘차게 대답했어요.

"그럴 리가요. 아니에요."

저는 바닥으로 가라앉은 소망을 다시 끌어올리며 저에게 말을 건넸어요.

"선화야, 잊지마. 대가는 없잖아. 사랑에 대가가 어딨어? 그냥 바싹 마른 그 녀석에게서 앞으로 솟을 샘물을 기대하면 돼. 잊지 말자. 그 샘물은 내 것과 비교하면 안 돼. 언제나 내 것보다 훨씬 맑았잖아."

저는 매일 아이의 마음속, 찬란하게 솟아오를 샘물을 기대하며 제 이기를 내려놓아요. 사랑이면 되는 거잖아요. 그 사랑을 보며 저는 조금씩 사람이 되어가는 모양이에요.

사실 이런 부끄러운 순간들은 수없이 많아요. 저는 여전히 부족하고 이후로도 몇 번이나 이런 실수를 했거든요. 물론 지금도 하고 있고요. 하지만 횟수가 줄어들고 있다고 믿고 여전히 노력해요.

우리는 세상에 살잖아요. 그래서 자꾸 속아요. 사랑보다 중요한 숫자도 있다고. 사랑보다 중요한 대가가 있다고. 사랑은 보이지 않지만 보이는 무언가가 있어야 사랑할 수 있는 거라고. 다 새빨간 거짓말이에요.

사랑이면 돼요. 우리가 조건 없이 받은 사랑, 세상의 필터 거치지 않고 그대로 흘려보내는 그 사랑, 그거면 돼요.

우리가 먼저 그 사랑에 젖었으면 좋겠어요

사랑을 받지 못하고 자란 아이가 있었어요. 참 잘 자랐고 청년이 되었어요. 예수님을 믿게 되고 그 사랑을 전하고 싶어서 교사에 지원했어요. 교사를 하다가 저에게 상담을 와서는 이렇게 말했어요.

"사랑을 주려고 교사를 했는데, 제가 받고만 싶어요. 사랑을 받고만 싶은 사람이 사랑을 줄 수 있을까요?"

저는 그 모습이 안쓰러워 손을 꼭 잡고 말했어요.

"받아. 받아야 나누지. 없는 걸 어떻게 나눠. 받아, 많이 받아."

그 친구의 마음속 청소년과 함께 참 많이 울었어요.

그렇잖아요. 없는 걸 어떻게 나눠요. 있어야죠. 우리가 먼저 사랑받아야 사랑을 나누죠. 그래서 부탁드려요. 사랑을 준다고 말하기 전에 우리가 먼저 그 사랑에 충만하자고요.

저는요, 제가 은으로 만든 컵이나 크리스탈 컵은 되는 줄 알았어요. 그런데 아이들을 만나고 강의를 하며 다니다 보니 아니더라고요. 저는 종이컵에 불과했어요. 참 약하고 쉽게 구겨지는 종이컵이요. 그래도 괜찮았어요. 하나님은 저라는 종이컵에 한없이 사랑을 부어주셨고 지금도 부어주고 계시니까요. 그런데 왜 사랑을 나누는 건 여전히 힘들까요? 그 생각을 따라가니 이해가 됐어요. 어떻게 이해가 됐냐고요? 설명해드릴게요. 한번 상상해보세요.

핸드드립 커피 내릴 때 사용하는 주전자 아시죠? 물 나오는 기다란 부분이 구부러진 주전자요. 그 주전자는 물 나오는 양이 항상 똑같아요.

종이컵에 그 주전자로 물을 따라요. 물의 양은 언제나 같아요. 변함이 없어요. 매일 똑같이 종이컵에 물을 부어주죠. 그런데 종이컵이 문제예요. 물이 가득 찼다 싶으면 이제 됐다며 자만을 해요. 이 정도면 나눌 수 있겠다고 장담을 해요. 그것도 문제인데 끈기도 없어서 더 문제가 돼요. 물을 퍼서 나르다가 지치면 못하겠다고 떼를 써요. 물이 금세 바닥이 나거든요. 그러면 다시 물을 채워달라고 주전자에게 말하죠.

주전자는 당황스럽죠. 계속 그 자리에서 물을 따르고 있었는데, 종이컵이 다른 데로 간 거잖아요. 자신이 퍼서 나르겠다면서요. 그래놓고 이제 와서 물이 없다고 다시 따라달라고 짜증을 내다니요. 걸핏하면 구겨지고, 걸핏하면 구멍이 나면서… 가만히 있지도 못하고 자리를 옮겨 세상 구경을 실컷하고 오면서 제자리에 있는 주전자 탓을 하죠.

그런 종이컵을 보면서 주전자는 화를 내지 않아요. 그저 제자리에서 물을 부어주죠. 이런 일상이 반복돼요. 종이컵은 물이 가득차면 이제 할 수 있다고 당당히 가요. 구겨지고 구멍이 나서 물이 빠져나가기도 하면서요. 결국 물이 바닥나면 다시 돌아와 주전자에게 말해요. 다시 물을 부어달라고요.

이게 바로 우리의 모습이에요. 종이컵은 우리 자신이고, 주전자는 하나님이시죠. 물은 하나님의 사랑이고요.

신년 부흥회에 참석하고 나면 은혜를 받아 평생 교사를 할 수 있을 것 같잖아요. 교사 세미나 하고 마음에 감동이 오면 이제는 당분간 무슨 일이 있어도 사랑으로 교사를 할 수 있을 것 같잖아요. 그런데 금세 바닥나죠. 교사 지원서를 받으면 또 고민하잖아요. 종이컵에 물이 바닥났는데, 내 안에 사랑이 없는데, 사랑을 줄 수 있을까 하고요.

사실 맞아요. 바닥이 나면 할 수 없어요. 그러니까 종이컵은 가득찼다고, 스스로 할 수 있다고, 다른 데로 가면 안 되는 거예요. 주전자가 있는 그 자리에 계속 있어야 해요. 또 종이컵에 물이 가득차겠죠. 그래도 잠잠히 그 자리에 있으면요? 종이컵에 물이 가득차고 난 다음에는 넘치겠죠. 넘친 다음에는 땅으로 흘러내릴 거예요.

그거예요. 그 흘러넘치는 사랑을 우리 아이들이 먹는 거예요. 우리가 퍼서 나르는 거 말고요. 그래서 우리 팔이 아프다고, 우리가 했다고 말할 수 있는 거 말고요. 우리가 그 사랑에 매일 충만해 있으면 되는 거예요. 그럼 자연스럽게 하나님의 사랑이 넘쳐서 우리 아이들을 적시거든요. 부흥회 때만 말고, 수련회 때만 말고, 금식기도할 때만 말고요. 365일 그분의 주파수에 맞추도록 노력해야 해요.

그럼 뭐가 좋은지 아세요? 사랑이 넘쳐 땅으로 흘러내리기 전에 종이컵의 겉면을 충분히 적셔요. 물이 땅으로 바로 점프하는 게 아니라 종이컵 겉면이 다 젖은 후에 땅으로 넘치는 거니까요. 우리의 영혼이 먼저 하나님의 사랑에 충분히 젖는 거예요. 그 다음에 우리가 품는 영혼들에게로 가죠. 그러니까 우리가 먼저 더 좋은 거예요.

저도, 선생님도 그 사랑에 계속 젖어 있으면 좋겠어요. 그래서 아이들이 물었으면 좋겠어요.

"선생님은 이번에 취직 안 되셨는데 왜 행복해 보여요?"

"선생님, 이번에 승진 안 되셨다면서 왜 행복하다고 해요?"

이 질문에 이렇게 대답할 수 있으면 좋겠어요.

"하나님이 날 사랑하니까 그렇지."

"하나님의 사랑으로 널 사랑할 수 있으니까 그렇지."

아이들에게
필요한 것이 있어요

친구가 생기면요, 뭘 주고 싶잖아요. 친해지고 나면 문방구 가서 뭘 살 때 그 친구 생각이 나서 하나 더 사오게 되고요. 연애를 할 때도 그렇죠. 많은 시간을 함께하고 싶고, 선물도 주고 싶잖아요. 그럴 때 고민하게 되는 게 있죠.

"무엇이 필요할까?"

"내가 주고 싶은 이것이 필요한 걸까? 이걸 주면 좋아할까?"

이런 고민들을 하게 되잖아요.

아이들을 사랑하게 되는 것도 마찬가지인 것 같아요. 유아부 교사를 처음 한 선생님이 아이들이 좋아하는 젤리 이름을 처음으로 알게 되었다고 하더라고요. 아르바이트 월급을 받으면 그 젤리를 먼저 사게 된대요. 아이들이 입에 넣고 오물거리는 모습을 상상하면 자신이 먼저 행복해진다는 이야기를 들었어요.

그래서 물질에 대한 고민과 질문을 하시는 것 같아요. 아이들에게 선물도 하고 싶고, 먹을 것도 사주고 싶은데 돈이 없으면 슬프죠. 낙심도 되고요. 세상처럼 돈이 있어야 뭘 하는 거라고 착각도 하게 돼요. 그래서 말씀드렸잖아요. 물질이 필요하지만 우리가 할 수 있는 선에서 하면 된다고요. 그 이야기는 이미 드렸으니까 지금은 "아이들에게 필요한 게 뭘까?" 하는 고민에 답해드리려고요.

자본주의 사회라서 그런지, 애초에 우리의 자존감이 없어서인지, 아니면 자본주의 사회에서 살다 보니 자존감이 없어진 건지, 사랑하는 사람에게 필요한 게 뭘까 고민하다가도 결국 '돈'으로 귀결되는 경우가 많아요. 필요한 걸 사기 위해선 돈이 있어야 한다는 생각에 이르면, 또 돈이 없는 자신에게로 문제가 돌아가죠.

그런데 죄송하지만 지금은 물질에 대한 이야기를 할 게 아니에요. 제가 몇 년간 아이들을 만나며 마음속에 정리된 게 있어요. 지금의 아이들에게 필요한 게 뭔지 알게 되었거든요. 아이들의 개별적인 마음은 선생님이 사랑하며 알아가시면 돼요. 그래도 아이들에게 공통적으로 필요하다고 느낀 것들은 제가 알려드리면 도움이 될 거 같아서요. 지금의 아이들에게 필요한 것을 다섯 가지로 정리해서 알려드릴게요.

우선 치킨이죠

역시 치킨을 빼놓을 수 없겠죠? 아이들은 치킨을 '치느님'이라고 불러요. 아이들에게 치느님은 하나님 다음이었으면 좋겠는데, 하나님보다 치느님을 앞에 두는 아이들도 많아요. 저와 청소년들의 연결 고리도 치킨이었죠. 제가 아이들에게 치킨을 먹이며 사는 이야기가 알려지면서 질문을 참 많이 받았어요.

"작가님처럼 아이들과 치킨을 먹었는데 아이들이 안 변하는데요?"

"작가님처럼 아이들과 함께 치킨을 먹었는데 아이들이 안 오는데요?"

사실 이런 질문은 질문이 아니라 정답이죠. 치킨을 먹였다고 아이들이 변하지 않거든요. 사실 사람이 변하는 건 쉽지 않아요. 더 정확히 말하면 변하기를 바라면서 먹이는 것도 아니고요. 아이들이 치킨 먹었다고 교회에 오지 않죠? 그건 어쩌면 당연해요. 그러라고 먹이는 것도 아니니까요. 치킨은 밥이거든요.

저는 밥에 목적이 있다고 생각하지 않아요. 공부를 잘하라고 자녀에게 밥을 주는 걸까요? 하나님이 교회에 봉사를 많이 하라고 우리에게 일용할 양식을 주시는 걸까요? 우리가 밥을 먹고 봉사를 하지 않으면 하나님이 싫어하실까요? 저는 아닐 거 같아요. 밥은 밥이죠. 사랑하는 자녀가 먹는 모습만 봐도 흐뭇한 게 밥이잖아요.

우리는 경쟁 시대에 살고 있으니까 때로는 공부 잘하라고 밥을 줄 때도 있을 거예요. 밥을 주면서 이거 먹고 말썽 부리지 말라고 할 때도 있을 거예요. 하지만 하나님은 아니실 것 같아요. 하나님이 성과급으로 밥을 주시는 걸까요? 아닐 거예요. 하나님이 밥을 주고 보상을 받기 원하실까요? 아니잖아요. 그렇다면 우리도 하나님의 마음을 배워야죠. 우리가 함께 밥을 먹는 것, 즐겁게 한 밥상에 앉아 있는 걸 흐뭇하게 보실 하나님을 떠올리면서요.

저희 증조할머니가 이런 말씀을 하셨어요.

"밥은 아무하고나 같이 먹는 거 아니야."

저는 지금 그 말씀을 거슬러 아무 쉬키하고나 밥을 먹죠. 사실, 아무 쉬키는 아니에요. 하나님이 저에게 보내주신, 사랑하고 사랑해야 하는 쉬키니까요. 제가 어른이 되어 생각해보니 할머니의 말씀에도 속뜻이 있다는 걸 알게 되었어요. 밥 먹으면서 아이들하고 쌓이는 정이 참 크더라고요. 그래서 '식구'가 밥을 함께 먹는다는 뜻이구나, 그래서 할머니가 아무하고나 밥을 먹지 말라고 하신 거구나, 깨달았어요.

치킨을 함께 한 번 먹고 두 번 먹고 세 번 먹으면서 아이들이 마음을 열기 시작했어요. 치킨만 게걸스럽게 먹던 아이들의 입에서 삶의 이야기가 나왔죠. 그 이야기를 들어주고 공감하다 보니 관계가 형성되었어요.

물론 아이들마다 시기는 달라요. 한 번 먹고 떠나는 쉬키들도 물론 있고요. 어떤 아이들은 다섯 번을 만나니 마음을 열었고요, 어떤 아이들은 열 번의 만남 끝에 마음을 열었어요. 어떤 아이들은 쉰 번, 어떤 아이들은 백 번이었어요. 그렇게 아이들의 매력을 발견하기 시작했어요.

아이들의 매력이 뭔지 아세요? 여러 가지가 있겠지만 제가 지금 말하려는 매력은요, 마음을 여는 시간은 다 다르지만 한 번 마음을 열면 잘 닫지 않는다는 거예요. 어른들은 열었다 닫았다 자유자재잖아요. 하지만 아이들은 그렇지 않아요.

청소년 강의를 하면서도 이런 아이들의 매력을 발견할 수 있었어요. 처음에 강의를 할 때는 정말 충격이었어요. 제가 앞에 서서 이야기를 하는데 아이들이 듣지 않는 거예요. 반응도 없고요. 어쩔 때는 자괴감이 들더라고요. 내가 정말 강의를 못하는 게 아닌가, 하고요. 그러다가 어른들에게 강의하러 가면 신났죠. 제가 감동을 드리기도 전에 감동받을 준비를 하고 있는 느낌이었거든요.

그런데 몇 년을 하다 보니 아이들이 더 좋아졌어요. 아이들은 저를 보고 있지 않지만 제 얘기를 듣고 있다는 걸 알게 되었거든요. 분명히 안 듣고 게임하던 녀석이 1년이 지나서 다시 강의를 갔더니 묻더라고요.

"저번에 강의 때 말했던 그 형, 잘 있어요?"

이런 경험을 몇 번 하고 나서 알았어요. 아이들은 안 듣는 거 같지만 듣는다는 것을요.

어른들은요? 분명히 저와 눈도 맞추면서 잘 들으셨는데, 다음 달에 또 강의를 가서 똑같은 이야기를 해도 새롭게 들으시더라고요. 그래서 알았죠. 눈은 저를 보고 있지만 머릿속으로는 딴 생각을 하실 때가 많다는 것을요. 저녁은 뭐 먹지, 내일 아침은 뭐하지, 내일 뭐 입고 가지… 이런 생각들이요. 사실 저도 그럴 때 많거든요.

그래서 저는 아이들 강의가 어른들 강의보다 체력은 열 배 들지만, 마음은 열 배 더 좋아요. 대놓고 아이들이 더 좋다고 해서 죄송해요. 하지만 말씀드린 김에 조금 더 죄송할게요.

밥도 그래요. 아이들에게 "밥 먹자" 그래서 "싫어요" 하면 그 아이는 그냥 그때 밥 먹기가 싫은 거예요. 대부분 그래요. 어른들은요, "밥 먹어요" 그러면 거절할 때가 있어요. 싫다고 직접 말하지는 않지만 말을 빙빙 돌리며 거절하죠. 결국 싫다는 말인데 "아, 내가 선약이 있어서…"라고 말하잖아요. 그럴 경우 저와 밥 먹기 싫은 건데, 그냥 그때 밥 먹기 싫은 게 아니라 뭔가 서운한 게 마음에 있는 경우가 대부분이에요.

그래서 아이들이 좋아요. 아이들은 말 그대로, 마음 그대로일 경우가 많거든요. 마음을 잘 감추지 못해요. 말을 빙빙 돌리지 않아요. 가끔은 너무 돌직구라 상처도 받지만 한 번 마음을 열면 잘 닫지 않죠. 그 마음이 얼마나 맑고 예쁜지 제가 미안할 때가 더 많아요. 만나는 쉬키들이 많아지니 한 명 한 명에게 최선을 다하지 못할 때가 많거든요. 그래도 한 번 마음이 열린 녀석들은 계속해서 마음을 활짝 열어놓고 있으니 미안할 수밖에요.

교사 강의가 끝나고 나서 몇 분이 이런 질문을 했어요.

"그렇게 먹여도 배신하는 아이가 있죠?"

사실 저는 배신이라고 생각해본 적은 없어요. 그런데 질문을 받고 나면 생각해보게 되잖아요. 그래서 생각해봤더니 정말 있더라고요. 그런데 이 자리에 계속 있다 보니 그 배신이 없어져요. 무슨 말이냐고요? 그 아이들이 다시 돌아오거든요. 그리고 떠났던 이유를 말해줘요. 또 미안해지죠. 그걸 모르고 서운해 했으니까요.

다시 돌아오지 않는 아이도 있지 않냐고요?

네, 있어요. 앞으로 돌아올 거라 믿기도 하지만 영영 떠난 아이들도 있을 거예요. 사람은 누구나 이별을 겪으니까요. 저도 이별을 겪어요. 그럼 배신이 아니라 이별인 거죠. 슬프고 아프지만 힘이 나는 부분도 있어요. 이별 전까지는 사랑했잖아요. 이별했다고 추억이 사라지지 않잖아요. 우리는 이별 후에도 문득 떠오르는 추억에 웃음 지으며 살잖아요. 그런 추억이 생겼으니 힘을 내야죠.

선생님도 이별을 겪으시겠죠. 하지만 아이들 덕분에 추억도 많이 생기실 거예요. 아이도 그럴 거예요. 아이의 마음에도 선생님이 사랑해주었던 시간, 사랑해서 먹여주었던 시간이 다 남아 있을 거예요. 그 추억이 아이를 응원해주기도 할 거예요. 아이도 때로는 그 추억에 웃음 짓기도 할 거예요.

2부/ 사랑이면 돼요

그거면 되죠, 뭐. 영원히 이별하지 않는 인간은 없으니까요. 사랑할 시간이 언제까지인지, 얼마만큼인지 우리가 정할 수 없으니 사랑할 수 있는 지금, 최선을 다하면 되는 거죠, 뭐.

맘껏 사랑하세요.
할 수 있는 만큼 먹이세요.

꼭 치킨이 아니어도 돼요. 아이와 함께 먹는 시간, 음식을 함께 먹으며 식구가 되는 시간은 꼭 필요해요.
부작용은 있어요. 치킨으로 몸매가 완성될 수도 있어요. 몸매를 빠른 시간 안에 완성하고 싶은 분이 아니라면 너무 많이 드시진 마세요.
제가 요즘 치킨을 먹고 나면 두드러기가 나요. 병원에 가서 물어보니 난소화성 음식… 그러니까 소화가 잘 되지 않는 음식을 나이 든 어른이 장기적으로 섭취하면 몸이 흡수를 못한대요. 아이들은 몸이 새것이니 그나마 괜찮은데, 신진대사가 원활하지 않은 중년은 위험하대요.
'난소화성 물질'을 몇 년간 꾸준히 섭취하면 어떻게 된다는 걸, 제가 한국의 의학 발전을 위해 실험한 거라고 포장해봤지만, 의사 선생님은 단호하셨어요. 한마디로 먹지 말라고 하시더라고요. 그래서 저 요즘은 치킨 먹을 때 샐러드만 먹는 불쌍한 사람이 되었어요. 정말 먹고 싶어 참지 못할 때는 한 조각만 아주 천천히 먹어요.

제 신체로 실험한 결과, 치킨을 지속적으로 많이 섭취하시면 건강을 해쳐요. 선생님 반 아이들과 가끔 먹는 건 괜찮지만요. 너무 자주 지속적으로 드시지는 마세요. 부작용에 대한 안내는 해드려야 올바른 처방이 될 것 같아서 말씀드리는 거예요.

그리고 꼭 치킨이 아니어도 된다는 건 아시죠? 제가 치킨을 먹인 게 아니라, 치킨을 밥으로 원하는 아이들에게 밥을 먹인 거예요.

진짜 밥을 원하는 아이들이 점점 더 많아지고 있어요. 아이들이 아침도 못 먹고 학교에 가는 경우가 많잖아요. 학교에서 야간 자율학습까지 하는 아이들은 저녁 급식을 먹기도 하지만 김밥 한 줄로 저녁을 때우기도 해요. 학원을 오가며 끼니를 제때 챙기기가 쉽지 않죠.

그래서 '컵밥'이 유행했잖아요. 저는 그 유행이 좀 슬펐어요. 이동하면서 먹을 수 있는 한끼가 인기를 얻을 수 있었던 건 아이들이 그만큼 집에서 여유 있게 먹을 수 있는 한끼가 줄어들었다는 얘기니까요. 그런 한끼가 나와서 그래도 밥을 먹을 수 있게 되었다는 건 무척 다행이지만요.

아이들에게 필요한 건 함께 먹는 끼니에요. 컵밥이어도 좋고요, 김밥이라도 괜찮아요. 햄버거나 떡볶이도 좋아요. 아이들이 원하는 한끼를 함께 먹는 것, 함께 밥을 먹으며 나올 수 있는 이야기가 나오는 것, 자연스럽게 식구가 되어가는 것이 중요하니까요.

부모님이 계신 가정에서도 밥을 한 상에서 먹는 일이 어려운 세상이잖아요. 게다가 부모님이 안 계신 아이들도 많은 세상이고요. 그런 세상에서 축적되었을 허전한 마음들을 함께 위로해주세요.

아이들은 어떤 밥보다 자신과 밥을 함께 먹어주는 사람이 필요하거든요. 선생님에게 보내진 한 영혼도 그럴 거예요. 그 영혼에게 그 사람이 선생님이었으면 좋겠어요.

이번에는 '품'이에요

밥을 함께 먹는 것 외에 아이들에게 또 필요한 건 뭘까 생각했더니 '품'이라는 단어가 떠올랐어요. 가정이 '품'이 되어야 하죠. 내 아이가 잘못을 했든 하지 않았든, 성적을 잘 받았든 그렇지 않든 가정은 조건 없이 아이들을 품는 품이어야 해요. 가정의 부모도 그런 품이어야 하죠.

그런데 언제부턴가 부모들이 부모를 내려놓고 학부모만 하기 시작했어요. 돈을 많이 벌어서 좋은 기관에 아이를 맡기고, 그 기관의 담당자가 잘못하면 꾸중하고, 잘하면 칭찬하는 사람이요. 그래서 좋은 유치원, 좋은 학교, 좋은 학원을 보내는 것이 마치 가장 좋은 부모의 역할이라고 믿는 사람이요.

그런 사람들이 늘어나면서 신기한 현상이 일어났어요. 아이들이 집에 못 들어가요. 이유가 뭔지 아세요?

이번 시험을 못 봐서 못 들어간대요. 학원에 결석한 걸 엄마가 알게 되어서 못 들어간대요. 잘못을 해서 못 들어간대요. 학교나 학원이 아닌 집인데요. 집에 못 들어간다는 아이를 상담할 때마다 너무 슬퍼져요. 왜 이렇게 변질된 건지, 저는 야매상담가라 잘 모르겠어요. 하지만 그러면 안 된다는 건 알아요. 가정은 품이고, 부모도 품이어야 하니까요.

아이들은 품을 느끼며 자라야 해요. 아이의 현재가 어떻든 관계없이 그저 따뜻하게 안아주는 품이요. 그런 품이 당연히 있어야 해요. 그런데 아이들이 그 품을 느끼지 못하고 자라요. 상담을 하고 꼭 안아주면 "처음 안겨봐요"라는 말을 많이 들어요. 강의가 끝나고 "작가님, 저 한 번만 안아주시면 안 돼요?"라는 말도 많이 들어요. 그럴 때면 아이를 꼭 안고 울곤 해요.

더 슬픈 건 이런 행동도 조심해야 하는 시대가 되었다는 거예요. 성문제들이 많이 일어나니 아무리 내 쉬키라고 해도 이성이면 꼭 안아주는 게 조심스러워요. 해외에 한인 아이들을 만나러 갔더니 담당자 분이 그러시더라고요.

"요즘 문제가 많아서요. 동성이라도 스킨십은 자제해주세요."

이제는 동성도 꼭 안는 걸 조심해야 하는 시대가 되었어요. 참 슬프죠. 아이들은 품을 느껴보지 못해서 품을 원하는데, 맘껏 안을 수도 없는 시대라니…. 그래도 어쩌겠어요. 조심할 건 조심해야죠. 청소년 담임이시라면 더 조심하면서 품을 제공해주세요. 많이 안아주되 조심스러운 경우에는 토닥토닥 해주세요. 마음의 품으로는 다 안아주시고요.

제가 한동안 '지속의 영성'에 대해 고민한 적이 있어요. 강의를 다니면서 한 번 무대에 올라갔다 내려오면 참 멋지더라고요. 한 번은 누구나 멋질 수 있잖아요. 그런데 제 쉬키들에게는 절대 안 멋진 거예요. 지속적으로 만나고 같이 삶을 이어가다 보니 멋질 수가 없죠, 뭐. 얼마 전에 교사 강의를 갔을 때 한 선생님이 이런 질문을 하셨어요.

"그래도 작가니까 아이들이 선생님을 더 멋있어 하고 좋아하죠?"

제가 피식 웃으며 말씀드렸어요.

"아니요. 절대요. 저희 아이들은 제가 작가라고 하면 뻥치지 말라고 해요."

그 자리에 있던 모두가 함께 웃었죠.

아무리 멋진 연예인도 함께 살면 매일이 멋지지는 않을 거예요. 아침에 일어나 기름이 좔좔 흐르는 머리를 보고, 세수 안 하고 눈곱 낀 모습도 보잖아요. 그러니까 제 쉬키들에게 제가 멋질 리가 없죠. 쉬키들에게 무슨 문제가 생겨서 경찰서에 뛰어갈 때면 정말 못 알아볼 정도거든요. 새벽에 뛰쳐나가니 세수도 못하고요, 옷차림도 허구한 날 야상 점퍼에 트레이닝 바지였어요.

오죽하면 제 쉬키가 경찰서에서 저를 만나서 "아, 쫌, 쌤은 이러고 오지 마요" 한 적도 있어요. 자기가 사고쳐서 뛰어간 건데 그러더라니까요. 경찰서 나온 후에 제가 아주 찰지게 욕을 해줬죠. "이런 십장생! 조카 크레파스가 18색이다!"라고요. 요즘 쉬키들이 욕을 이렇게 재미있게 바꿔서 말하곤 하거든요. 그랬더니 쉬키가 그러더라고요.

"미안해서 일부러 그랬어요."

귀엽죠? 제 쉬키들이 이렇게 귀여워요. 뿔이 났다가도 이러면 살살 녹는다니까요. 쉬키들 자랑을 더 하고 싶지만 지면 관계상 여기까지 할게요. 다시 본론으로 들어갈게요.

제가요, 이렇게 쉬키들과 정신없이 지내다가 강의를 가는 거예요. 강의를 가면 제가 좀 멋있죠. 사람들이 대우를 잘 해주고요, 참 괜찮은 사람 같아요. 그런데요, 그것보다 쉬키들과 있을 때가 더 좋아요. 안 멋있어서 함께 삶을 같이 살아낼 수 있는 게 더 좋아요. 그래서 고민하게 된 거예요. '지속의 영성'이라고 다이어리에 써 놓고 뚫어져라 보면서요.

내가 갖고 싶은 일상의 영성은 멋진 무대에 있는 것 같지 않더라고요. 멋지지 않는 삶에 있는 것 같았어요. 그런데 그 삶은 한 번 가지고는 안 돼요. 지속해야 해요. 여러 번 오래 지속해서 보고 멋지지 않아야 해요. 그래야 삶을 나누고 함께 울고 웃을 수 있으니까요.

그래서 한 번만 가는 행사를 줄이고 지속적인 만남을 늘렸어요. 제가 품는 쉬키들은 당연히 그렇고요, 쉼터도 꾸준히 가는 곳을 정했고요. 보육원도 여러 곳을 한 번만 가기보단 한 곳을 지속해서 가기로 마음을 먹었어요.

어느 보육원이 좋을지 고민하는 중에 경기도에 있는 한 보육원을 알게 되었어요. 원장님의 마음도 저와 비슷해서 계속 함께하기로 하는 데 어려움이 없었어요. 벌써 그 보육원 쉬키들과 함께한 지 4년이 넘었는데요, 처음 갔을 때부터 저를 유독 따르던 꼬맹이가 있었어요.

사실 다른 아이들은 처음부터 맘을 열지는 않았거든요. 나중에 들어보니, 저도 한두 번 오다가 그만 올 거라 생각했대요. 그럴 건데 굳이 친해질 필요가 없었다고, 친해졌는데 내가 안 오면 자기들만 손해라고 그러더라고요. 비슷한 상처를 여러 번 겪다 보면 두려움이 생기잖아요. 그러면 우리도 미리 방어하고 싶어하잖아요. 저도 그 마음 알거든요. 그래서 더 공감이 되었어요. 나중에 마음을 열고 나서 그런 이야기를 해준 게 참 고마웠고요.

그래도 마음을 여는 시간으로 가는 길이 힘들기는 했어요. 제 나름대로는 청소년들하고 빨리 친해질 자신이 있었거든요. 그런데 점점 자신을 잃고 납작해졌죠. 아이들 덕분에 진짜 겸손해질 수 있었어요.

그래도 꼬맹이 한 명이 저를 반겨주니 가뭄에 단비 같았죠. 그 녀석이 지금 여덟 살인데 그때는 다섯 살이었어요. 저를 발견하면 막 뛰어와서 안겨요. 그러면 그 꼬맹이를 품에 꼭 안고 있었어요. 공연 팀과 함께 갈 때는 그 아이를 안은 채로 준비를 했죠. 지금은 번쩍 들지도 못할 정도로 컸지만 그때는 번쩍 들 수 있었거든요.

그런데 이 녀석이 참 웃겨요. 제가 이 녀석을 품에 안은 채로 자리에 앉으면 자는 척을 해요. 제 심장에 얼굴을 대고 눈을 감아요. 심장 소리가 좋은가 보다, 하고 안고 있다가 저도 오래 안고 있으면 힘들어서 뒤척거리게 되잖아요. 그럼 녀석이 제 움직임을 느끼고 눈을 더 질끈 감아요. 내려놓지 말라는 표현이죠.

그러다가 바깥 상황이 궁금해지면 살짝 실눈을 떠요. 제가 "어머, 우리 규현이(가명) 일어났네" 하면 다시 눈을 질끈 감고, 제 품에 쏙 들어와요. 그 모습이 귀여워서 피식 웃음이 났죠. 녀석도 제 웃음을 느끼고는 얼굴에 미소를 띠어요. 제가 "어, 우리 규현이 웃나?" 하면 또 제 품에 얼굴을 파묻죠. 그렇게 한참을 있다 보면 저와 함께하는 청소년들 생각이 나요.

'아이들은 이렇게 품이 필요한 건데…'

이런 생각이 나는 거예요.

아이가 성적을 못 받아도요, 영어를 못해도요, 왕따를 당해도요, 키가 작아도요… 어떤 문제와 상관없이 저쪽에서 이

쪽으로 뛰어와 안길 수 있는 품이 필요하잖아요. 자신이 잘못해서 품은 바랄 수도 없다고 생각하는 아이들이 많아요. 품이 없는 건 자신 때문이라고 생각하는 아이들도 많아요. 그런 아이들에게 품이 되어주는 우리가 된다면 참 좋겠어요.

그건 우리에게도 참 좋은 일이에요. 아이들의 품이 되어주다 보면 참 좋거든요. 제가 아이를 안아주었는데 저도 참 따뜻해지거든요. 저에게 안긴 아이도 따뜻함을 느끼겠지만, 아이가 품에 안겨 있는 동안 점점 제 자신도 따뜻해짐을 느끼거든요. '품'이라는 매개체를 통해 서로 따뜻함을 공유하게 되는 거예요.

어른으로 살다 보면 점점 건조해지잖아요. 제 품에 규현이가 안겨 있을 때, 내가 이 아이 아니면 언제 이런 따뜻함을 느껴보겠나 싶은 생각이 들어요. 그건 혼자서는 절대 느낄 수 없는 온기거든요.

품을 제공해야만 느낄 수 있는 온기를, 이 책을 읽고 있는 선생님도 느낄 수 있기를 바라요. 선생님에게 맡겨진 영혼들도 선생님을 통해 그 온기를 느끼기를 바라요.

이번에는 '편'이에요

언젠가 깨톡 상태 메시지를 '내가 네 편이 되어줄게'라고 적어 놓은 적이 있어요. 그때 너무 가슴 아픈 상담을 했거든요. 상담을 하러 왔던 아이에게 내가 너의 편이니 힘내라는 마음을 전해주고 싶어 상태 메시지를 그렇게 해놓은 거였죠.

그 아이도 제 마음을 느꼈는지 조금 있다가 메시지를 보냈더라고요.

"쌤, 정말 내 편이 되어주셔서 고맙습니다."

"그래, 살아주어 고맙다. 잘 자."

저도 답을 보내고 잠자리에 들었어요. 그런데 좀 이따가 또 메시지가 오는 거예요.

"쌤, 내 편이라는 거 맞죠? 고마워요, 쌤."

"그래, 쌤이 네 편이니 힘내자."

다른 아이에게 온 메시지였지만 같은 마음으로 답을 보냈어요. 한 사람에게 보낸 위로에 다른 한 사람이 더 힘을 냈다면 좋은 일이니까요. 그런데 여기서 끝이 아니었어요. 조금 이따가 또 메시지가 왔죠.

"작가님, 저한테 하신 이야기 맞죠? 제 편이 되어주시는 거죠?"

"그래, 네 편이야. 용기 내서 열심히 살아보자."

"쌤, 내 편이 되어주셔서 고마워요."

"그래, 나도 고마워."

"쌤, 내 편이 되어준다는 거죠? 와~ 나도 편이 생겼다."

"그래, 우리 한편이야."

"쌤, 내 편은 없었는데 쌤이 최초 내 편이에요."

"오, 최초! 영광이네."

이렇게 계속 메시지가 도착했죠. 새벽 3시가 다 될 때까지 그렇게 메시지를 받고 답을 하다가 엉엉 울어버렸어요. 내가 뭘 해준다고 했다고 애들이 이러나 싶더라고요.

스테이크를 사준다는 것도 아니고, 치킨 신메뉴를 배달시켜준다는 것도 아니잖아요. 선물을 준 것도 아니고, 기쁜 소식을 전해준 것도 아니잖아요. 그저 편이 되어주겠다고 한마디 한 건데 너무 많은 아이들이 기뻐하는 걸 보면서 마음 깊은 곳에서 뜨거운 눈물이 올라왔어요. 그 새벽에 깨닫게 되었죠. 아이들은 자기 편이 필요하다는 것을요. 결심도 했죠. 아이들의 편이 되어줘야겠다고.

'편'이 뭔지 기억나세요? 초등학교 때 운동회 기억나시죠? 그때 얄미운 여자애랑 같은 편이 되었는데 하필 2인 3각 경기 때도 같이 묶인 거예요. 매일 잘난 척하고 얄미운 행동도 많이 해서 정말 싫었던 아이인데, 어쩔 수 없이 끈 하나로 서로의 다리를 함께 묶고요, 손을 잡고 발맞춰 뛰었어요. 같은 편이니까요.

줄다리기를 하는데요, 우리 앞에 선 애가 정말 냄새가 나는 거예요. 정말 그 아이 허리만큼은 잡고 싶지 않았지만 잡아야 했어요. 게다가 한목소리로 "영차 영차" 같이 외쳐야 했죠. 같은 편이니까요.

박 터트리기를 하면 같은 편끼리 힘을 합쳐 오재미를 던져야 해요. "하나 둘" 외치며 동시에 오재미를 던지면 박이 더 잘 터지죠.

편은 그런 거예요. 얄미워도 함께 걷고, 한목소리로 외치고, 함께 힘을 합쳐 무언가를 해내는 것, 함께 울고 함께 웃는 것, 그게 편이죠. 아이들에게 선생님이 그런 편이 되어주셨으면 좋겠어요.

커피소년의 '내가 니 편이 되어줄게'란 제목의 노래가 있어요. 그 노래에 이런 가사가 있어요.

    내가 니 편이 되어줄게
    괜찮다 말해줄게
    다 잘 될 거라고 넌 빛날 거라고

넌 나에게 소중하다고
모두 끝난 것 같은 날엔 내 목소릴 기억해
괜찮아 다 잘될 거야
넌 나에게 가장 소중한 사람

저는요, 우리가 아이에게 그런 말을 해줬으면 좋겠어요. 내가 네 편이라고. 괜찮다고, 다 잘될 거라고, 넌 빛날 거라고, 소중하다고.

살다 보면 힘든 날도 오잖아요. 세상이 끝난 것처럼 힘든 날, 우리의 목소리가 떠올랐으면 좋겠어요. 괜찮다고, 다 잘될 거라고, 넌 소중하다고 말했던 그 목소리가 떠올라 아이들에게 힘을 주었으면 좋겠어요. 그럼 우리도 아이들도 참 행복할 것 같아요.

5학년 땐가, 저는 청팀이었는데 백팀이 우승했어요. 청팀과 백팀은 우승 여부와 상관없이 하하호호 웃었죠. 청팀은 운동회에서 우승하지 못했어도 도시락을 까먹으며 하하호호 웃었어요. 백팀은 운동회에서 우승했다는 사실보다 도시락을 함께 까먹을 수 있는 걸 더 좋아하며 하하호호 웃었어요. 같은 편이 있다는 건 그렇게 행복한 일이니까요.

그 다음은 '들어줌'이에요

한 아이가 있었어요. 이 아이는 교회에 오는데 한 달에 한 번만 와요. 한 달에 한 번밖에 얼굴을 안 보여주니, 아이가 올 때마다 저는 따로 이야기를 하자고 했죠. 그럼 아이는 좋다고 해요. 한 달에 한 번만 오는 것도 신기했지만, 따로 얘기를 하는 걸 좋아하는 것도 신기했죠. 보통은 어색해 하는 경우가 많으니까요.

더 신기한 건 따로 만났을 때 아이의 표정이었어요. 너무 신이 나 있었죠. 아이는 신이 나서 한 시간이 넘게 쉴 새 없이 이야기를 했어요. 학교에서 있었던 일부터 자신의 마음 상태까지… 묻지 않아도 술술 이야기를 꺼내 놓았어요.

그 모습을 보면서 저는 착각을 했죠. 이제 많이 친해졌으니 더 자주 교회에 나오지 않을까 하고요. 그런데 그건 정말 착각이었어요. 아이는 여전히 한 달에 한 번만 나왔죠. 그렇게 1년이 거의 다 되었을 때, 이제는 물어도 되겠다 싶어서 물었어요.

"경진(가명)아, 넌 도대체 왜 한 달에 한 번은 꼭 교회에 와?"

사실은 왜 한 달에 세 번은 안 오냐고 묻고 싶었는데요, 아이의 입장에서 생각해보니 세 번을 안 오는 게 아니라 한 번을 꼭 오는 게 더 맞다는 생각이 들었어요.

아이는 저의 질문에 피식 웃으며 대답했어요.

"들어주니까요."

제가 고개를 갸우뚱하며 물었죠.

"그게 무슨 소리야?"

"에이, 쌤이 내 얘기를 들어주니까 온다고요."

저는 그 말에 적잖이 충격을 받았죠. 너무 의외의 대답이었어요. 제가 몇 가지 답을 예상했거든요.

"늦잠을 자서 한 번밖에 못 와요."

"재미있으니까 한 번은 오는 거예요."

"간식이 맛있어서요."

뭐 이런 답들을 예상했죠. 그런데 그런 베스트 대답들을 다 제치고 들어줘서라뇨. 저는 너무 놀랐지만 놀라지 않은 척하며 물었어요.

"그게 네가 교회에 오는 이유야?"

"네, 사람들은 내 얘기 잘 안 듣거든요. 재미없고 길기만 하대요. 그런데 쌤은 처음부터 내 얘기를 잘 들어줬잖아요."

"응, 앞으로도 꾸준히 와. 계속 잘 들어줄 테니까."

아이는 고개를 끄덕였죠.

그 아이를 통해서 깨달았어요. 아이들은 가르치는 사람 말고 들어주는 사람이 필요하다는 걸요.

경청(傾聽)이라는 말을 많이 하잖아요. 경청은 귀를 기울여 듣는 걸 말해요. 하지만 저는 청청(聽聽)을 부탁드리고 싶어요. 듣고 또 들어주는 거요. 듣고 교훈을 주지 않으셔도 돼요. 듣고 조언을 해주지 못해도 괜찮아요. 아이가 이야기를 하는 이유가 뭔지 몰라도 좋아요. 아이들은 이유 없이 그냥 말하는 경우도 많거든요. 그러니까 그냥 듣고 또 들어주세요.

세월호 사건 후에 제가 장례 봉사를 지원한 적이 있어요. 처음에는 대학생을 모집했는데, 인원이 부족하다고 해서 늙은 대학생인 척 봉사를 갔어요. 안산의 종합병원에서 희생자들의 장례식을 도왔죠. 그때의 무거운 공기가 아직도 잊혀지지 않아요. 소리가 나지 않는 영화 같았어요. 큰소리를 내는 사람도 없고 큰소리로 우는 사람도 없었어요.

유가족들은 넋이 나간 표정으로 장례 절차를 진행했어요. 도무지 믿을 수 없는 일이었잖아요. 어쩌다가 울음소리라도 나면 오히려 다행이다 싶었죠. 그 아픈 마음에서 물이라도 터져 나와야 숨이라도 쉴 수 있잖아요. 숨쉬는 소리조차 미안하고 어려운 시간이었어요. 시계 초침만 제대로 소리를 내고 있었죠.

해가 질 무렵, 한 여학생이 주전자를 들고 주방으로 왔어요. 그리고 주전자에 든 술을 싱크대에 버렸어요.

장례 도우미 한 분이 물었어요.

"그거 제사 지낼 때 쓰는 건데 왜 버려?"

"아… 동생이 술을 못 먹어서요."

여학생은 냉장고를 열고 사이다를 꺼냈어요. 사이다를 주전자에 따랐죠. 조금 전에 질문을 했던 도우미 아주머니가 여학생을 말렸어요.

"학생, 사이다를 거기 따르면 안 돼."

"동생이 사이다를 좋아해서요."

"그래도 사이다는 거품이 나서 잔에 따르면 넘쳐서 안 돼."

"그래도 동생이 좋아하는데요."

"아, 그럼 이걸 줘. 이게 낫겠네, 거품도 안 나고…."

아주머니는 매실 음료를 따서 주전자에 넣어주었어요. 여학생은 더 이상 의견을 말하지 못하고, 주전자에 매실을 담아서 장례식장으로 들어갔어요.

저는 그 모습을 보고 참 속상했어요. 그냥 아이 말을 들어줘도 되잖아요. 잔에 사이다가 조금 넘쳐도 문제될 건 없잖아요. 동생이 떠나는 길, 동생이 좋아했던 사이다를 주고 싶은 마음인 걸요. 제사를 지내든 지내지 않든, 사후 세계를 믿든 믿지 않든 상관없이 그 누나의 마음은 들어줄 수 있는 거잖아요.

아이들은 그저 '들어줌'이 필요할 때가 있어요. 옳고 그른 것에 대한 가르침이 아니라, 그저 자신의 속엣것을 함께 보는 사람이 필요한 거예요. 청청(聽聽)해주세요. 듣고 또 들어주세요. 아이들은 자신의 이야기를 들어주는 사람이 필요해요. 그 사람이 되어주세요.

이번에는 '기다림'이에요

한 쉬키가 있었어요. 이 쉬키의 이름은 '영준'(가명)이에요. 영준이는 정말 저를 많이 기다리게 했어요. 뭐 하나 예상할 수 없는 녀석이었죠. 퇴학당할 뻔한 위기를 여러 번 겪었어요. 부디 영준이가 학교를 잘 졸업하는 것이 저의 꿈이 될 정도였죠. 그저 등교를 했다는 소식만 들어도 감사한 마음이 들게 하는 아이였죠.

그런 영준이를 보며 저는 또 하나의 꿈을 꿨어요. 영준이가 고3이 되어 졸업을 3개월 앞두고 있을 때쯤, '영준이가 수련회를 갔으면 좋겠다'는 꿈이 생긴 거예요. 이게 무슨 꿈인가 싶으실 수도 있지만, 영준이의 생활을 안다면 정말 상상도 못할 일이니 저에게는 꿈일 수밖에 없었어요. 교회를 나와주는 것도 그저 믿을 수 없이 감사한데, 수련회를 간다니요. 정말 꿈도 못 꿀 일이죠.

하지만 저는 점점 꼭 그 꿈이 이루어지길 바라게 되었어요. 열심히 기도도 했고요. 결국은 영준이에게 사실대로 털어놓았어요.

"영준아, 쌤이 부탁이 하나 있는데 들어주면 안 돼?"

"뭔데요?"

"나는 네가 수련회에 갔으면 좋겠어."

영준이는 황당한 표정을 지었죠. 이제 이유식을 시작하는 아이에게 쌀밥을 내민 격이었어요. 그래도 꼭꼭 씹어 먹으면 가능하지 않을까, 욕심이 났죠.

"쌤 미쳤어요?"

"응, 미쳤나 봐. 네가 수련회에 꼭 갔으면 좋겠다는 생각이 자꾸 들어."

"왜요?"

"쌤은 고등학교 때 수련회에 못 가봤어. 아빠가 무서웠는데, 외박은 무슨 이유에서든 절대 허락해주지 않으셨거든. 지금은 교사를 하면서 갈 수 있긴 하지만, 청소년 때 갔던 거랑은 너무 다르잖아. 청소년이 지나면 청소년 수련회는 갈 수 없잖아. 나처럼 교사로 갈 수는 있지만… 나는 네가 청소년 때 경험할 수 있는 좋은 것들을 경험했음 좋겠어. 나중에 정말 수련회가 가고 싶어질 때는 이미 어른일 테니까. 이번 겨울 수련회가 청소년으로 갈 수 있는 마지막 수련회잖아."

저는 정말 간절했어요. 이 간절함이 그대로 전해지지 않을까 봐 조바심내며 이야기를 했죠. 영준이는 이야기를 다 듣더니 말했어요.

"알겠어요. 생각해볼게요."

그 말이 어찌나 고맙던지, 저는 영준이 손을 잡고 고맙다고 몇 번을 말했어요.

보름이 지났어요. 제 꿈은 이루어지지 못할 위기를 맞았죠. 영준이가 취업이 되었거든요. 첫 출근 날짜가 수련회 날짜와 겹쳤어요. 사실 취업이 되었다는 것도 기적에 가까운 일이라 그걸 축하해주는 게 맞다고 생각했어요. 수련회를 꼭 보내고 싶었지만 어쩔 수 없잖아요. 그래서 제 꿈은 접고 축하를 해주었어요. 그리고 주일날, 예배가 끝나고 영준이가 저한테 물었어요.

"교장쌤한테 전화 안 왔어요?"

"엥… 교장쌤한테 전화가 왜 와? 또 사고쳤어?"

"에이, 아니에요. 사람을 뭘로 보고 쌤은…."

"아, 미안… 네가 갑자기 교장쌤 얘기를 하길래 또 무슨 일이 있나 하고…."

"아뇨. 수련회 날짜가 제 첫 출근 날짜더라고요. 수련회 가려면 출근 일자를 좀 미뤄야 해서 담임쌤한테 얘기했더니 교장쌤 허락을 받아야 한다잖아요. 그래서 교장쌤한테 가서 허락을 받으려는데, 자꾸 내가 교회 다니는 걸 안 믿잖아요. 그래서 쌤 전화번호 알려준 거예요."

"대박! 그래서? 그래서 허락받았어?"

"네, 교장쌤의 재량으로 3일을 미뤄줬대요."

"와, 대박! 와! 너 짱이다."

"그걸 이제 알았어요?"

"아니야, 진즉 알았지. 완전 미리 알았지. 와, 최고다, 정말."

저는 기쁨을 감출 수 없었어요. 사람의 계획은 역시 하나님의 계획을 넘지 못하죠. 제 계획이 접힌 거였지, 하나님의 계획은 여전히 펼쳐져 있다는 걸 생각하지 못했죠. 정말 신이 났어요. 영준이가 수련회를 갈 수 있게 된 것도 기뻤지만, 영준이가 제 진심의 말을 들어준 것이 더욱 기뻤어요. 진심은 통한다는 말을 믿지만, 진짜 통하는 걸 본 적은 오랜만이었던 것 같아요.

영준이는 그날 오후에 바로 수련회 신청서를 썼어요. 이제 됐다 싶었죠. 그런데 며칠 후에 문제가 생겼어요. 교회 사정으로 수련회 날짜가 바뀐 거예요. 원래 예정된 날짜보다 당겨진 거라 영준이가 가는 데는 문제없었어요. 하지만 제가 문제였죠. 우리 교회 수련회 날짜는 빼놓고 다른 수련회의 특강 일정을 잡았거든요. 그런데 교회 수련회 날짜가 옮겨지면서 제 특강 날짜와 겹친 거예요. 포스터도 이미 다 나왔고, 이미 오래전에 약속된 거라 취소할 수도 없었죠.

그래서 우리 반 아이들에게 사실대로 말해야겠다고 생각했는데 영준이가 걱정이었어요. 우리 반의 다른 애들은 몰라도 영준이는 제가 없으면 당연히 안 간다고 할 것 같았거든요. 정말 큰 결심을 해주었는데 제 일정 때문에 영준이가 못 가게 될까 봐 걱정이 되었죠. 저는 너무 걱정하며 먼저 영준이에게 상황 설명을 했어요. 그랬더니 우리 반 리더 한 명의 이름을 대면서 그 아이는 가냐고 묻더라고요. 그나마 영준이가 잘 따르는 유일한 녀석이거든요.

"응, 당연히 가지."

"알겠어요. 그럼 갈게요."

영준이는 제 걱정과 달리 시원하게 답을 해주었어요. 그때는 정말 얼마나 멋진지, 제가 좋아하는 배우 하정우 씨보다 더 멋져 보이더라고요.

교회 아이들이 수련회를 마치고 돌아오는 날, 저는 교회에 미리 가서 기다렸어요. 우리 반 애들을 만나 밥을 함께 먹었죠. 영준이가 물었어요.

"쌤, 하나님은 술 마셔요?"

질문이 좀 웃기지만, 저는 감동했어요. 영준이 입에서 '하나님'이 처음 나왔거든요.

"아니, 안 드실걸?"

"그럼 담배는 피우세요?"

"아니, 담배도 안 피우시지."

"아, 그럼 무슨 낙으로 살아요?"

"네가 수련회 가서 기도하고 예배하는 걸 보시는 낙?"

우리는 다 함께 웃었어요. 영준이는 또 물었죠.

"쌤, 그 노래 노래방에 있어요?"

"무슨 노래?"

"우리 함께 손잡고 가세~ 조금 느리고 어려울지라도~ 주님 부르신 그 감격 붙잡고~ 손잡고 함께 가세~"

"아! 어노인팅! 손잡고 함께 가세!"

"네, 그거요."

"아, 노래방엔 없을걸?"

"왜 그렇게 좋은 노래가 없어요? 노래방이 참 이상하네."

우리는 또 다 함께 웃었어요.

영준이의 질문은 계속 웃겼지만 저는 계속 감동이었어요. 영준이가 '하나님'을 처음 얘기하고, 하나님을 향한 '찬양'을 처음 불렀거든요. 영준이를 만나고 감동의 그날이 오기까지 3년이 걸렸거든요.

영준이는 지금 군인이에요. 군대에 가서도 교회에 잘 다니고 있어요. 군 교회에서 '실로암' 찬양을 배우고 저에게 물었어요. 그 찬양 아냐고요. 안다고 하니까 핀잔을 주더라고요. 왜 그렇게 좋은 찬양을 진즉 가르쳐주지 않았냐고요. 저는 미안하다고 사과를 했죠. 군대에서 배운 대로 불러주는데, 웃음이 터졌어요. 박수가 정말 박력이 넘치더라고요.

저는 영준이를 통해서 '기다림'을 배웠어요. 기다리면 정말 변하지 않을 것 같은 영혼에도 변화가 찾아온다는 것을요. 영준이뿐만 아니라 다른 아이들을 만나면서도 참 많이 느끼는 부분이에요.

우리가 기다리지 못할 뿐 아이들은 분명히 성장하고 있어요. 우리가 '이 정도면 되지 않아?'라며 기다림의 시간을 규정하지만 않는다면, 우리가 정해둔 시간에 변화가 느껴지면 성공한 것처럼, 그렇지 않으면 실패한 것처럼 느끼지만 않는다면, 우리의 기다림은 분명 빛을 발해요.

아이들이 우리가 정한 시간에 변화되지 않는 건 생명이기 때문이에요. 생명은 각자의 시간이 있거든요. 각자 속도가 다 다르거든요. 그래서 우리가 기다려줘야 해요. 언제까지라고 기한을 정하지 않고, 그 기한은 하늘에 맡긴 채 기다리는 거예요.

눈에 보이지 않아도, 굳이 말하지 않아도 사랑은 번져 나가고 있으니까요. 사랑의 색깔이 투명해서 얼마나 번졌는지 보이지 않지만, 그렇다고 번지지 않는다고 우길 수는 없으니까요. 우리가 정말 천천히 그분의 마음에 닿았듯, 지금도 그분의 마음에 다 닿지 못했듯 아이도 그런 것뿐이니까요.

기다려주세요. 아이는 분명히 그 사랑을 느끼고 있어요. 아무리 시대가 바뀌어도 사랑은 실패하지 않을 거예요.

마지막은 '한 사람'이에요

제가 소년 재판에 참관을 간 적이 있어요. 한 아이가 재판을 받으러 들어왔어요. 이 아이는 새아버지에 의해 여동생과 함께 고아원에 맡겨졌어요. 엄마가 새아버지와 싸우고 이틀 동안 집에 들어오지 않았고, 그 사이에 새아버지가 그런 일을 벌였던 거예요. 아이는 고아원을 나와 여동생과 함께 살 집을 구하고 싶었어요. 몇 번의 절도를 저질렀고요. 가게에서 물건을 훔치다가 주인에게 걸렸고 실랑이를 벌이다가 주인을 찌르고 말았어요. 절도범에서 특수 절도범으로 가는 시간은 그리 오래 걸리지 않았어요.

재판장에서 판사님이 아이에게 질문을 했어요.

"너, 몇 호 받을 거냐?"

고개를 숙인 아이가 나지막이 대답했어요.

"10호요."

"10호는 바로 소년원으로 가야 하는 건데, 왜 10호야?"

"위탁으로 소년원에서 있다가 왔어요. 거기서 사람들이 그랬어요. 저는 10호 받고 다시 소년원으로 올 거니까 짐을 가지고 가지 말라고요."

"그럼 9호를 받으면?"

"아니에요. 저는 10호래요."

"잘 들어라. 내가 판사다. 여기서는 내가 판정을 내리면 그 전에 무슨 소리를 들었든 상관없이 판정이 나는 거다. 알겠니?"

아이가 고개를 끄덕였어요. 판사님이 이어서 말씀하셨죠.

"그래, 내가 9호를 줄 거다. 9호는 쉼터에 가서 친구들과 같이 지내고, 학교도 다시 다닐 수 있는 거다."

"… 그래도 돼요?"

아이의 눈에 눈물이 맺혔어요. 판사님은 아이를 보며 따뜻한 목소리로 말씀하셨어요.

"기억해라. 한 사람은 너를 용서했어. 한 사람은 너를 믿었어. 그거 기억하고 살아."

아이는 수없이 고개를 끄덕거렸어요. 아이의 눈에 맺힌 눈물이 조용히 흘러내렸어요. 방청석에서 그 모습을 지켜보던 저도 얼마나 울었는지 몰라요.

얼마 전 사촌언니가 저를 찾아왔어요. 언니의 딸이 초등학교 5학년인데요, 언니는 아이와 관련된 고민이 있다고 했죠. 언니의 고민은 딸의 짝꿍에 관한 문제였어요.

"그 짝꿍이 부모님이 안 계시고 할머니랑 사는 아이야. 형편도 어렵고…. 근데 돈을 훔치는 거 같아. 우리 아이 돈도 그렇고, 반 아이 몇 명의 돈도…. 심증으로는 확실한데 물증은 없어. 엄마들은 다 그 아이가 범인이라는 확신을 가지고 있어. 그런데 우리 아이가 걔를 너무 좋아해. 그 애가 돈을 훔친 것보다 우리 아이가 그런 애랑 어울리는 게 더 걱정돼."

저는 언니의 고민을 듣고 이렇게 말했어요.

"언니, 그러면 그 아이를 불러서 떡볶이 맛있는 집에서 떡볶이를 사줘."

언니의 눈이 동그래졌고, 저는 말을 이어서 했어요.

"그 아이가 범인일 수도 있지만, 아닐 수도 있는 거잖아. 그런데 그 고민 때문에 그 아이를 좋게 보지 못하잖아. 그러니까 떡볶이를 사주면서 말해. 솔직하게 아줌마가 정말 미안한데 학교에서 돈이 없어져서 너무 걱정이 된다고, 그게 누구인지 알고 싶어서 아이들을 만나고 있다고, 우리 아이랑 친한 친구니까 솔직히 말해줄 수 있냐고."

"야, 그럼 아니라고 하겠지."

"아니라고 하면 한 번만 믿어줘. 어떤 아이에게나 한 사람이 필요해. 믿어주는 한 사람. 그 한 사람이 있다면 언니가 되어줘."

아이들에게 필요한 것이 있어요

"만약에 자기가 맞다고 하면?"

"그럼 한 번만 용서해줘. 용서해주는 한 사람이 되어줘도 좋으니까."

"그 기억이 있으면 아이가 나아져?"

"아니, 아이가 살아."

언니는 고맙게도 제 말을 들어주었어요.

사람에게는 그 '한 사람'이 필요해요. 저를 믿어준 한 사람, 저를 용서해준 한 사람, 저를 응원해준 한 사람… 제 삶에 무수한 한 사람들이 있어요. 하나님이 먼저 용서해주고 믿어주고 응원해주셨지만, 하나님을 모르는 아이들이 많으니까요. 하나님을 아직 만나지 못하고 교회에 다니는 아이들도 많고요. 하나님을 만났어도 그 한 사람은 필요해요. 하나님은 사람을 우리 곁에 선물로 주셨잖아요. 그 선물이 주는 위로가 사람에게는 필요하죠. 서로 더불어 함께 의지하고 응원하며 살아가는 힘도 참 크잖아요.

그런데요, 그 한 사람을 못 만났던 아이가 있어요. 한 번도 안겨보지 못한 아이가 있어요. 한 번도 사랑한다는 말을 듣지 못했던 아이가 있어요. 한 번도 용서받지 못한 아이가 있어요. 그 아이에게 한 사람이 필요해요.

그 아이는 생각보다 많아요. 그 아이가 선생님의 반으로 갈 확률도 높아요. 그 아이에게 한 사람이 되어주세요. 한 번의 치킨과 한 번의 편, 한 번의 품과 들어줌, 한 번의 기다림으로 아이의 인생이 바뀔 수 있어요. 그런 기억만으로 아이가 살아날 수 있어요.

    선생님이 만나는 아이에게 한 사람이 되어주세요. 하나님이 우리에게 그러셨던 것처럼, 누군가 우리에게 먼저 그랬던 것처럼요.

사랑할 때
기억할 게 있어요

기억은 참 소중하죠. 때론 왜곡되고 때론 슬픔을 제공하지만 자주 행복하고 자주 기쁨이기도 하잖아요. 제가 청소년들을 만나 보니 '사랑의 기억'이 있는 친구들이 삶을 이어갈 때 조금 더 유리하더라고요. 삶의 겨울이 올 때, '사랑의 기억'은 비상식량이 되어주거든요. 기억을 꺼내 먹으며 추위와 허기를 달랠 수 있어요. 삶의 깊은 강을 만날 때, '사랑의 기억'은 징검돌이 되어주기도 하거든요. 기억을 꺼내 물위에 놓으며 건너갈 수 있죠.

  삶을 저버리려고 하는 아이들과 얘기하다 보면 그 비상식량이 없구나, 그 징검돌이 없구나 하고 깨달을 때가 많아요. 자녀를 키우다 보면 물론 예쁘지만 가끔 정말 안 예쁠 때도 있잖아요. 그때 자녀의 어렸을 때 사진을 보며 그렇게 예뻤던 기억을 꺼내 먹잖아요. 결혼생활을 하다 보면 물론 배우자가 사랑스럽지만 가끔 정말 사랑스럽지 않을 때가 있잖아요. 그때 연애하며 주고받았던 편지나 함께 찍었던 사진들을 보며 피식 웃곤 하잖아요. 그렇게 사랑해서 결혼한 우리라는 걸 기억하고, 그 기억을 디디며 또 하루를 건너가잖아요. 그래서 기억은 참 소중하죠.

이번에는 그 기억에 관한 이야기를 해보려고 해요. 우리와 아이들의 삶에 사랑의 기억을 더 잘 새기기 위해 기억할 게 있거든요. 그것에 대한 이야기를 시작할게요.

'그래서'가 아닌 '그래도'예요

저는 아이들을 데리고 문화생활 하는 걸 참 좋아해요. 문화생활이라고 해서 뭐 특별한 건 아니고요, 영화 보고 연극 보는 거예요. 많은 경험을 하게 해주고 싶은데, 영화와 연극은 가장 쉬우면서도 참 많은 것을 생각하게 하는 좋은 경험 같아서요. 사실 영화는 쉬워도 연극은 거리도 있고 가격도 만만치 않잖아요. 그래서 함께 연극 보고 나면 허리가 휘청하지만,

그래도 함께 보는 시간이 너무 좋아서 가끔이라도 그런 시간을 마련하려고 해요.

그런데 연극을 보러 가자고 할 때마다 속상하게 하는 쉬키가 한 명 있었어요. 절대 연극은 보러 가지 않는다는 거예요. 싫어할 수도 있죠. 취향이 아닐 수도 있고요. 하지만 그 쉬키는 그런 이유가 아니었어요.

"저는 집에 꼭 10시까지 들어가야 해요."

이렇게 말했거든요. 노는 거 엄청 좋아하는 쉬키라서 그 말이 이해되지 않았어요. 부모님이 엄격하신가 싶어서 말했어요.

"연극이 끝나고 집에 가면 밤 11시쯤 될 텐데⋯ 부모님이 허락 안 해주시는 거면 쌤이 전화드릴까?"

"아니에요. 안 돼요."

쉬키는 퉁명스럽게 대답했어요.

저는 마음이 좀 상했죠. 정말 같이 보고 싶고, 연극을 보는 건 좋은 경험이라고 생각하는데 단호하게 거절을 하니까요. 제가 서운하게 한 적이 있는지 돌아보게도 되고, 아직 마음이 열리지 않았을지 모른다는 생각도 들고요. 하지만 뭐, 억지로 함께 갈 수는 없는 거니까 포기를 했죠. 다른 쉬키들하고만 보러 갔어요. 그날 연극도 좋고 쉬키들도 너무 좋아했어요. 그러니까 그 쉬키가 더 마음에 걸리더라고요.

 몇 달이 지났어요. 좋은 연극을 할인받아 볼 수 있는 기회가 생겨서 쉬키들과 또 함께 연극을 보러 가기로 했죠. 그런데 그 쉬키가 또 안 된다는 거예요.

 "저, 10시까지 집에 들어가야 해요."

 쉬키는 지난번과 똑같이 말했어요. 저는 힘이 빠져서 말했어요.

 "그럼 다음에는 주말에 보는 걸로 알아볼게. 그리고 혹시 쌤이 뭐 서운하게 한 거 있음 말해줘."

 쉬키는 아무 대답이 없었어요. 그래서 제가 서운하게 한 게 있는 것 같다는 쪽으로 마음이 기울었죠. 연극을 보는 내내 뭘 서운하게 했을까 고민이 되었어요. 제가 이렇게 소심하지 않았는데 아이들을 만나다 보니 점점 더 소심해지는 것 같아요.

 연극이 끝나고, 햄버거를 먹고, 쉬키들을 다 집에 보냈어요. 그러고 나서 그 쉬키에게 깨톡을 보냈죠.

 '오늘 본 연극이 넘 재미있어서 니 생각이 더 났음. 다음에는 꼭 보러 가자. 쌤이 주말 낮에 하는 표로 알아볼게.'

 쉬키는 밤새 답이 없었어요. 아침에 일어나자 마자 확인했는데 깨톡을 읽기만 하고 답은 하지 않았더라고요. 이제 제 마음은 분명히 서운한 게 있다는 쪽으로 완전히 기울었어요. 힘이 빠졌죠. 최선을 다한 것 같은데 제 생각과 달리 서운함을 느끼는 쉬키들도 있잖아요. 그건 쉬키의 마음에서 일어나는 일이라 어쩔 수 없다고 생각해요. 그럼에도 힘이 빠지는 제 마음 또한 어쩔 수 없지만요.

하루가 지나고 이틀이 지났어요. 밤에 온라인 상담을 마치고 잠자리에 들려고 하는데, 쉬키에게 깨톡이 왔어요.

'쌤, 이제 그냥 말할래요.'

심장이 쿵 내려앉는 것 같았죠. 뭘까? 내가 뭘 서운하게 했길래 이틀 만에 이런 메시지가 왔을까? 걱정은 점점 커졌어요. 쉬키의 답은 풍선에 바늘을 갖다 댄 것처럼 제 걱정을 팡 터트렸지만요.

'저, 보호관찰이에요. 그래서 10시까지 집에 들어가야 하는 거예요.'

저는 정말 부끄러웠어요. 쉬키가 말 못할 사정이 있다고 생각하지 못했잖아요. 서운한 게 있는 걸로 생각을 몰아가고, 다른 생각이 끼어들 틈은 주지 않았잖아요. 그런 실수를 할 때면 몹시 부끄러워져요.

쉬키는 보호관찰 중이었어요. 청소년이 죄를 지었을 때 형의 선고유예나 집행유예를 받는 등 보호관찰 명령이 내려지곤 해요. 감옥에는 가지 않지만 지도할 필요가 있을 때 보호관찰 대상자가 되는 거예요. 보호관찰 대상자가 지켜야 할 몇 가지 사항이 있는데, 그중에 하나가 보호관찰관의 연락을 받는 거예요. 범죄가 야간에 더 많이 일어나기 때문에 대부분 야간에 집으로 연락이 와요. 그 전화를 대상자가 직접 받아야 해요. 쉬키도 그렇기 때문에 밤 10시까지 집에 들어가 있어야 하는 거였어요.

'그렇구나. 왜 그동안 말 안 했어?'

'쌤이 나 싫어하게 될까 봐요.'

'엥, 그렇지 않아. 보호관찰을 받는다고 달라질 건 없어.'

'사람들은 다 달라져요. 쌤도 그럴까 봐 겁났어요.'

'몰랐어. 미안해.'

'그래도 사랑한다고 할 거예요?'

이 질문에 저는 많이 놀랐어요. 사랑한다고 하면 싫다고 하는 쉬키였거든요.

'아, 징그러워요.'

'아, 느끼해요.'

'아, 그런 말 하지 마요. 그런 말 처음 들어서 이상해요.'

제가 사랑한다고 하면 쉬키는 이런 반응을 보였어요. 그런데 사랑한다고 할 거냐고 물으니 놀랄 수밖에요. 이상하게 눈물이 나기도 했어요.

'응, 그래도 사랑해. 아주 많이 사랑함.'

저는 이렇게 대답하고 한참을 울었어요. 아이는 답이 없었고요.

며칠이 지나고, 아이에게 다시 깨톡을 보냈어요. 그냥 일상적으로 보내는 깨톡이었어요. 안부를 묻고, 뭐하냐고 묻고, 저는 뭐한다고 얘기하고, 주일날 꼭 보자고 얘기하고요. 대화의 마무리는 언제나처럼 사랑을 남겼어요.

'사랑하고 축복해!'

아이는 언제나처럼 느끼하다고, 이상하다고, 거부 반응과 웃긴 표정의 이모티콘을 보낼 거라 생각했어요. 그런데 아니었어요. 예상치도 못한 답이 왔어요.

'저도요.'

이렇게요. 정말 그 세 글자에 얼마나 울었는지 몰라요.

그 이후로도, 먼저 사랑한다고 말하는 쉬키들은 없었어요. 하지만 제가 사랑한다고 말하면 징그럽다고 뭐냐고 구박하는 쉬키들은 많았어요. 그 쉬키들 중 몇 명은 많은 시간이 흐른 후에 '저도요'라는 말을, 마치 짠 것처럼 똑같이 해주었어요. 그래서 저는 그 말이 참 좋아요. 이제야 하나님의 사랑이 마음에 닿았다는 말 같아서요.

2부/ 사랑이면 돼요

'그래서'가 아닌 '그래도'. 제가 그 쉬키를 만나며 알게 되었던 것이 이거예요. 사람은 사랑할 때 '그래서'는 기억하지 않아도 참 잘해요. 착한 행동을 해서, 예배를 잘 드려서, 지각하지 않아서 사랑스러운 기억은 자동으로 만들어지잖아요. 그런데 '그래도'는 매일 기억하지 않으면, 기억하려고 노력하지 않으면 힘들어요. 착한 행동을 하지 않아도, 예배를 잘 드리지 않아도, 매번 지각을 해도 사랑하기는 어려워요.

하지만 감히 말씀드리자면, 진짜 사랑은 '그래도'부터 시작해요. 말을 듣지 않아도, 말썽을 부려도, 계속해서 죄를 지어도, 우리를 한결같이 사랑하시는 하나님의 사랑이 진짜 사랑이니까요.

우리 그 사랑을 조금씩 흉내내 봐요. 사랑스러워서 사랑하는 것이 아니라, 사랑스럽지 않아도 사랑할 수 있는 우리가 되었으면 좋겠어요.

그 마음이 아이의 마음에 닿는 순간, '저도요'의 기적이 일어나요. 그것을 말로 하든, 마음에 품고 내보내지 않든 상관없어요. '그래도'의 사랑이 내려가 아이의 마음에 분명히 닿아요. 건조한 우리의 마음에도 하얀 눈송이가 내리듯 그분의 마음이 내려와 소복이 쌓여 있는 것처럼요.

이번에는 '아이가 느낄 때까지' 하자고 말씀드릴게요

사랑을 하는 사람이 만족할 때까지 사랑하는 건 어렵지 않아요. 사랑하는 동안 열심히 하고, 하기 싫으면 그만두면 되니까요. 무엇보다 기한을 정할 수 있으니까요.

하지만 사랑을 받는 사람이 느낄 때까지 사랑하는 건 어려워요. 기한을 정할 수도 없고 예상할 수도 없잖아요. 사랑을 받는 사람에 따라 다 다를 테니까요. 어떤 아이는 선생님의 사랑한다는 말에 한 달이 채 지나지 않아 반응할 거예요. 어떤 아이는 1년이 지나도 처음처럼 서먹할 거예요. 어떤 아이는 몇 년이 지나서 찾아와 말하겠죠. 그때 사랑해줘서 고맙다고요.

사람은 참 알 수 없잖아요. 사랑은 더 알 수 없을 때가 많고요. 그런데 아이가 느낄 때까지 사랑하자고 말씀을 드리려고 하니까 참 죄송하네요. 죄송하지만 어쩔 수 없이 말씀드려요. 저도 선생님도 노력해보자고요. '우리가 만족할 때까지' 말고, '아이가 느낄 때까지' 사랑하는 것 말이에요.

제 쉬키 중에 가수가 꿈인 녀석이 있었어요. 사실 노래를 그렇게 잘하는 편은 아닌데요, 감성은 진짜 충만해서 그 녀석 노래를 들으면 눈물이 날 때가 많아요. 그 나이에 겪지 않아도 되는 여러 가지 어려움을 지나서 온 녀석이라, 그 아픔들이 다 노래에 묻어 나오더라고요. 저는 그 녀석의 노래가 참 좋았어요. 그래서 북 콘서트 때 게스트로 세우고 싶다는 생각이 들었죠.

작가들은 책이 나오면 북 콘서트를 열기도 해요. 콘서트 형식으로 출간 기념회를 여는 건데요, 작가가 나와 책에 대한 이야기를 들려주지만 음악 공연도 함께하곤 하죠. 제가 할 때는 보통 인디 가수를 초청해서 함께해요. 제가 함께하고 싶은 가수를 추천하기도 하고 출판사에서 추천하기도 하죠. 섭외는 출판사 홍보팀에서 담당해주시고요. 책 출간을 앞두고 이벤트 행사 등 전반의 계획을 회의 중에 나누는데 북 콘서트도 홍보 일정이니 함께 이야기하곤 해요.

제가 제 쉬키를 추천했을 때는 『청소년 쉬키루들에게』(틔움 출판)라는 책이 나올 때였어요. 북 콘서트에 함께할 게스트에 대해 회의하는 중에 제가 그 녀석 이야기를 꺼냈죠.

"제 쉬키 중에 진짜 세우고 싶은 녀석이 있어요. 노래에 아주 소울이 묻어 있어요. 아직 청소년이고 아마추어라 불안한 부분이 있으시겠지만, 이번 책은 청소년들에게 이야기를 건네는 책이니 의미가 있을 것 같아요."

홍보팀에서는 고민을 하다가 결국 제 의견을 수렴해주었어요. 인디 가수 한 명, 청소년 한 명을 초청하기로 합의했죠.

저는 회의가 끝나자 마자 그 녀석에게 전화를 걸었어요. 북 콘서트 무대에서 노래를 할 수 있게 되었다고요. 녀석이 전화기를 통해 튀어나올 것 같더라고요. 목소리가 어찌나 들떴는지, 전화 통화인데도 녀석의 행복한 감정이 고스란히 느껴졌어요. 저도 덩달아 행복해지더라고요.

녀석은 정말 보컬 학원과 노래방을 오가며 열심히 연습했어요. 뭐하냐고 물으면 "연습이요"라고 대답하고, 뭐할 거냐고 물으면 "연습해야죠"라고 대답하더라고요. 노래방에서 연습하고 나오는 녀석을 만나 치킨을 먹기도 했죠.

드디어 녀석이 기다리고 기다리던 북 콘서트 날이 왔어요. 시작이 7시라 저는 5시쯤에 가서 리허설을 할 예정이었는데, 녀석에게 3시에 전화가 왔어요.

"쌤, 어디세요?"

"지금? 아직 집이지."

"저는 ○○카페 앞이에요."

○○카페는 북 콘서트를 하는 장소였어요.

"엥? 거길 왜 벌써 갔어?"

"너무 좋고 너무 떨려서요. 집에 있으니까 심장이 튀어나올 거 같아서 미리 왔어요."

"호호, 그래. 네 맘이 느껴진다. 그런데 그렇게 미리 가서 뭐하고 있어?"

"좀 전에는 고체로 된 청심환을 먹었고요, 지금은 액체로 된 청심환을 먹었어요."

"호호, 알겠어. 쌤도 그럼 좀 일찍 갈게. 청심환은 그만 먹어. 너무 많이 먹으면 안 좋아."

"네, 빨리 오세요."

저는 서둘러 준비하고 행사 장소로 갔어요. 녀석이 창백한 얼굴로 앉아 있었죠. 얼마나 떨리는지 얼굴에 다 써 있더라고요. 너무 떨지 말라고 말했죠. 녀석도 알겠다고 했지만 계속 떨리는 건 어쩔 수 없는 모양이더라고요. 화제를 돌리면 좀 덜 떨릴까 싶어서 우리 반 애들하고 지난주에 놀았던 이야기를 했어요.

금세 리허설 시간이 찾아왔고, 게스트로 온 인디 가수가 녀석에게 노래 부를 때 감정이 참 좋다고 칭찬을 했죠. 녀석은 전문가의 칭찬을 받아서 그런지 한결 밝아졌어요.

북 콘서트의 시작은 인디 가수가 해주었어요. 그 다음에 제가 나가서 책에 대한 이야기를 했어요 그리고 제가 녀석을 소개하고 녀석이 나왔죠. 여전히 떨리는 모습이었지만 그래도 끝까지 참 잘 불러주었어요. 관객들은 박수와 환호로 녀석을 응원해주었어요.

행사는 문제없이 잘 마쳤어요. 사인회까지 잘 마무리되었죠. 관객들을 배웅하고 함께 예배를 드릴 인원만 카페에 남았어요. 기독교 행사가 아니기에 예배로 진행할 수는 없으니, 다 끝나고 간단히 예배를 드리기로 한 거예요. 개업 예배와 비슷하죠. 가게 오픈을 축하하는 것처럼 책 출간을 축하하고, 함께 예배를 드리는 거예요. 그런데 예배를 드리기 전에 목사님이 엉뚱한 말씀을 하셨죠.

"오 작가님, 오늘은 원래 오 작가님 책 출간을 축하하고 오 작가님을 축복하는 시간을 가져야 하는데 내가 그러고 싶지 않은 생각이 들었어요."

저를 비롯해 남아 있는 사람들이 다 어리둥절했어요. 목사님은 피식 웃으며 이어서 말씀하셨죠.

"저 친구요, 오늘은 왠지 저 친구를 축복하는 예배를 드리고 싶어져서요. 오 작가님 생각은 어떠세요?"

"아… 너무 좋죠. 좋아요. 제 쉬키 축복해주신다는데 안 좋을 리가 있나요."

저는 너무 기뻤어요. 그리고 녀석에게 의사를 물었죠. 녀석이 아직 예배에 익숙하지 않기에 부담스럽거나 싫을 수도 있으니까요.

"아… 좋아요."

녀석은 무슨 생각에선지 이렇게 대답했어요. 나중에 물어보니, '축복'이란 말이 왠지 선물처럼 들렸다고 하더라고요.

목사님은 준비한 말씀을 짧게 나누시고, 녀석의 등에 모두 손을 얹고 기도해주자고 하셨어요. 우리는 모두 뜨겁게, 녀석을 위한 축복을 아끼지 않고 기도했어요. 기도를 마치고, 모두 아이에게 손을 뻗었어요. '당신은 사랑받기 위해 태어난 사람'을 불러주었죠.

예배를 마치고 모두 식당으로 자리를 옮겼어요. 그런데 녀석이 조금 이상한 거예요. 고개를 푹 숙이고 힘이 없어 보였어요. 저는 식당 위치를 아는 친구에게 사람들을 먼저 식당으로 안내해주라고 부탁했어요. 그리고 멀찍이 떨어져서 녀석과 둘이 걸으며 물었죠.

"경수(가명)야, 기분이 안 좋아? 혹시 기도할 때 좀 놀란 거야?"

사람들이 함께 통성으로 기도하는 걸 처음 본 녀석이라 놀랄 수도 있었겠다고 생각했어요. 그런데 아이는 아니라고 고개를 저었어요.

"그런데 왜 그래? 기분이 안 좋아 보여."

"그냥… 알겠어서요."

"뭐가?"

"쌤이 말하던 사랑이요. 그게 이런 건가 봐요."

저는 대답에 많이 놀랐어요. 사랑한다는 말을 백 번도 넘게 했는데, 그런 말 별로라고 했던 녀석이거든요. 그게 왜 좋은 말인지 모르겠다고도 했고요. 여자친구가 있을 때는 여자친구에게 고자질하겠다고, 자기는 여자친구의 사랑만 받겠다고 하기도 했어요. 웃었지만 엄청 서운했던 기억이죠.

그 사랑과 하나님의 사랑이 다르다는 걸 정말 알려주고 싶었고요. 하나님이 얼마나 녀석을 사랑하는지 깨닫기를 바랐어요. 하지만 아직 멀었다고 생각했어요. 어쩌면 그날이 안 올지도 모른다고 생각했고요. 그런데 그 녀석이 그렇게 말한 거예요.

"이제… 느껴져?"

저는 조심스럽게 물었죠. 녀석은 고개를 끄덕였어요. 저는 마음이 참 이상했어요. 참 좋기도 하고 뭉클하기도 하고, 하나님께 감사해서 미치겠고, 녀석이 너무 사랑스러워 미치겠더라고요. 여러 가지 감정들이 막 섞여서 정작 아무말도 못하겠더라고요. 식당에 가는 동안 한마디도 하지 못했어요.

식당에 도착했어요. 밥을 먹는데 녀석이 그 전과 좀 달랐어요. 원래 공기밥 다섯 개는 기본인 녀석인데 한 개만 먹겠다는 거예요. 게다가 원래 먹는 속도보다 너무 느렸어요. 원래 속도가 KTX라면 그날은 무궁화호였죠. 정말 다른 사람 같았어요. 저는 녀석의 속도에 맞춰 밥을 먹었어요.

그런데 조금 있으니까 더 이상한 일이 벌어졌어요. 정말 눈물 한 방울 흘려본 적 없을 것 같은 녀석이 눈물을 뚝뚝 흘리는 거예요. 정말 힘들고 아팠던 이야기를 하면서도 표정 하나 안 변했던 녀석이거든요. 자존심도 무척 센 녀석이라, 우는 걸 보고 아는 척을 해야 하는지 모르는 척을 해야 하는지 고민이 되었어요. 그런데 녀석이 눈물을 소맷자락으로 쓱쓱 닦으면서 이러더라고요.

"아, 왜 이렇게 땀이 나지… 아, 오늘따라 땀이 나네."

저는 웃음을 참고 말했어요.

"그치? 쌤도 여기가 좀 덥네. 이걸로 닦아."

그러고는 손수건을 건네 주었어요. 그날, 손수건이 다 젖도록 녀석은 땀을 많이 흘렸어요.

그 녀석을 보며 깨달은 거예요. 사랑은 내가 만족할 때까지만 하는 게 아니라는 것을, 상대방이 느낄 때까지 계속 해야 한다는 것을요.

그날 밤에 잠자리에 누웠는데, 사랑하는 사람에게 청혼하는 장면이 떠올랐어요. 어떤 사람이 꽃다발을 주며 청혼을 한다고 생각해보세요.

"나와 결혼해주세요."

이렇게 말했죠. 그럼 청혼이 완성된 건가요? 아니죠. 상대방이 꽃다발을 받으며 알겠다고 대답해야 완성되는 거잖아요. 아무리 화려한 꽃다발을 준비했다고 해도 상대방이 받지 않으면 소용이 없잖아요.

우리가 아이를 사랑하는 것도 마찬가지인 것 같아요. 너에게 꽃다발을 열 번 주었으니 이제는 받으라고 강요할 수 없는 거예요. "이 꽃은 안개꽃이야. 이 꽃은 프리지아야. 내가 정말 어렵게 준비한 꽃다발인데 왜 안 받아?" 하고 화를 낼 수도 없는 거예요.

그냥 우리는 준비하자고요. 정성스럽게 오늘도 꽃을 준비하는 거예요. 언젠가 받을 날이 올 거라 믿지만, 그게 언제인지는 모르니 될 때까지 하는 거죠. 아이가 꽃다발을 받으며 "쌤이 말하던 사랑이 뭔지 알겠어요" 하는 날이 올 때까지요.

　명동 한복판에, 제일 잘 보이는 자리에 위치한 전광판에 '영희야, 사랑해!'라고 띄워서 고백을 했다고 해도, 영희가 그걸 보지 않으면 소용이 없잖아요. 영희가 볼 때까지는 전광판에서 그 고백이 사라지면 안 되죠. 직접 보거나, 직접 보지 못했다면 알게 되기라도 해야 해요. 영희가 직접 볼 수도 있고, 누군가 먼저 보고 영희에게 전달해줄 수도 있으니까요. 드라마에 꼭 한 명씩 나오는 여주인공의 친한 친구처럼요. 친구가 보고 영희에게 전화를 해주는 거죠. 어쩌면 정말 많은 사람이 알게 되어 결국은 영희가 알게 될 수도 있고요.

　우리의 사랑도 그래요. 아이에게 닿을 수 있는 방법은 여러 가지예요. 하지만 그건 하늘에 맡겨야죠. 우리는 우리가 할 수 있는 최선의 사랑을 하면 돼요.

　우리가 그 사랑을 느꼈던 첫 감동을 간직하고 있는 것처럼 아이도 언젠가는 첫 감동을 마주하겠죠. 마음의 서랍에 잘 넣어두고 우리처럼 꺼내서 보겠죠. 그 시간이 언제인지 알 수 없지만, 그 시간이 꼭 온다는 믿음만으로도 참 설레잖아요.

　그 믿음으로 또 해봐요, 우리. 아이의 마음에 그 사랑이 닿을 때까지, 아이가 그 사랑을 느낄 때까지….

사랑은 '부메랑'이에요

부메랑, 아시죠? 저는 영화에서나 보았는데, 호주에 청소년들을 만나러 갔을 때 보니까 부메랑을 많이 팔더라고요. 아이들을 주려고 몇 개 구입했는데요, 저는 아무리 날려도 다시 돌아오지 않더라고요. 하지만 아이들은 정말 달라요. 영상을 보고 몇 번 연습하더니 다시 돌아올 수 있게 제법 잘 날리더라고요. 제가 날리지 못해서 그렇지, 부메랑은 원래 다시 돌아오는 성질을 가지고 있잖아요.

그 성질이 사랑하고 많이 닮았어요. 사랑은 부메랑처럼 다시 돌아오거든요. 정말 힘들어서 못해 먹겠다 싶을 때 다시 돌아와 사랑이 뭔지 보게 되죠.

그 사랑을 보고 나면 아무리 힘들어도 아이들을 놓을 수 없어요. 그 사랑은 꼭 절벽 끝에서 던져주는 낙하산 같은 것이어서, 그 낙하산 한 번 타보자고 녀석들 곁을 지키는 건가 회의가 들 때도 있지만요. 낙하산을 타고 결국 살아나는 건 제 자신이더라고요.

언젠가 한 녀석에게 전화가 왔어요. 빨리 교회로 오라고요. 급하게 상담해야 할 일이 있다고요. 저는 놀라서 뛰어나갔어요. 아이가 있다는 교실 문을 열어젖히며 "무슨 일이야?"

하고 물었죠. 아이는 보이지 않았어요.

그런데 정말 무슨 일이 일어났죠. 옆 교실에서 아이들이 하나둘씩 들어왔어요. 옆 교실과 연결된 문이 있는 곳이었거든요. 아이들은 케이크를 들고 생일 축하 노래를 불렀어요. 그날이 제 생일이었던 거예요. 저는 생일인지도 몰랐고요. 아이들이 깜짝 생일 파티를 계획한 거였어요. 정성 들여 만든 스케치북 편지. 돈도 없을 텐데 천 원, 2천 원 모아서 산 케이크. 저를 유인하려고 작전을 짜고, 제가 등장하자 우렁찬 노래를 불러준 이 녀석들의 진심이 가득한 생일 파티였죠.

"쌤, 돈이 없어서 이것밖에 못했어요."

펑펑 우느라 이 말에 대답하지 못했지만, 사실 말하고 싶었어요. 돈이 없어서 참 다행이라고요. 돈이 없어서 돈으로는 살 수 없는 마음을 줄 수밖에 없는 것이, 나에게는 너무 거한 축복이라고요. 이렇게 예상치 않게 나에게 돌아온 사랑에 조금 더 힘을 내서 더 사랑할 수 있겠다고요.

어느 주일날도 그랬어요. 저는 외부 강의가 있었고, 우리 반 쉬키들은 여의도에서 저를 기다리겠다고 했어요. 처음에는 강의 장소로 오겠다더니 여의도에 가서 자기들끼리 놀고 있겠다고 해서 조금 서운했지만, 오랜만에 자전거나 타며 놀자고 생각했어요.

강의를 갔던 교회는 창립주일이어서 정말 맛있는 음식이 많았어요. 하지만 음식의 유혹을 물리치고 내 쉬키들에게로 향했죠. 돈도 없어서 쫄쫄 굶고 있을 텐데 가서 밥 먹여야지, 하며 여의도로 날아갔어요.

여의도에 도착하니 한 녀석만 자전거를 타고 있고, 나머지 애들은 한강에 갔다고 찾으러 가자고 했어요.

'이그, 배고플까 봐 날아왔더니만 뭐야?'

문득 튀어나오는 서운함을 누르며, 그 녀석이 타고 있는 자전거 뒷자리에 올라탔어요. 그리고 한강으로 아이들을 찾아가는 길목, 한 녀석이 나타났죠.

'선생님께 감동드리고 싶어요.'

이렇게 적힌 스케치북을 들고 있었어요.

날 태운 앞의 녀석은 "쌤 봤죠? 출발합니다" 그러고는 다시 출발했죠. 녀석이 자전거를 멈추는 길목마다 우리 반 녀석들이 나타났고, 모두 사랑의 메시지를 적은 스케치북을 들고 있었어요. 마지막에 도착한 광장에는 어느새 지나오며 만났던 아이들이 다 모여 있었어요. 아이들은 장미꽃 한 송이씩을 들고서 스승의 날 노래를 불러주었죠. 가슴이 너무나 벅차 올랐어요.

누군가 그랬어요. 요즘 아이들은 사랑을 모른다고요. 사실 그럴 수밖에 없죠. 어른들이 청소년들을 다 컸다고 여기며 말썽 부릴 때만 지적하니, 당연히 사랑을 알 리 없잖아요. 그런데 적어도 청소년까지는 아이예요. 사랑을 주면 냉큼 받아서 이렇게 두 배로 돌려줄 줄 아는, 아이들이죠.

한번은 이런 일도 있었어요. 제가 『니가 웃었으면 좋겠어』(좋은씨앗)란 책에도 쓴 내용이에요.

제 쉬키 중에 먹튀가 있었거든요. 먹튀 아시죠? 제가 앞에서 말씀드렸잖아요. 하나님의 타이밍을 이야기할 때요. 혹시 매순간이 새로우실 수도 있으니 다시 말씀드릴게요. '먹튀'는 먹고 튀는 걸 말해요. 말 그대로 밥을 먹을 땐 오는데 먹고만 가는 거예요.

녀석은 그렇게 2년 동안 저랑 밥을 먹었어요. 2년 내내 달라진 건 없었어요. 힘이 빠지기도 하고, 그래도 계속 사랑하자 다짐도 하며 시간이 흘렀죠. 그리고 3년이란 시간이 채워질 즈음에 달라진 게 있었어요.

그 녀석과 밥을 먹으러 가서 저는 따로국밥을 시켰고, 녀석은 돈까스를 시켰어요. 그런데 돈까스가 나오자마자 녀석이 제 밥그릇 위에 돈까스 한 조각을 얹어주는 거예요. 항상

자기가 시킨 음식만 먹고 먼저 휙 가버리던 녀석이요. 돈까스 한 조각을 아무 말 없이 주는데 백 마디 말보다 더 좋더라고요. 감동이 밀려와서 휴대폰 카메라로 돈까스 한 조각이 올려진 공기밥을 사진 찍었어요.

"그걸 왜 찍어요?"

녀석이 심드렁한 표정으로 물었죠.

"감동 먹어서!"

"별게 다 감동이에요, 쌤은."

녀석의 말에 피식 웃었죠. 그러게요, 저에게는 이제 이런 소소한 풍경이 감동받을 만한 별것이 되었네요.

저는 그 감동을 글로 옮기며 제목을 적었어요. '나에게 돌아온 사랑'이라고요. 교사 강의를 갈 때면 선생님들에게 그 사진을 보여드리면서 말해요. 이렇게 돌아온 사랑을 담은 사진 한 장만으로도 참 오랫동안 힘이 났다고요. 그 힘으로 열 명은 더 사랑할 수 있었다고요.

사랑의 부메랑이 간식으로 돌아온 적도 있어요. 『야매상담』(홍성사)이라는 책이 출간되고, 출간 기념 북 콘서트를 여는 날이었어요. 출판사에서 관객들이 먹을 간식을 준비한다고 했는데 간식이 없는 거예요. 그래서 담당 직원에게 "오늘 간식 준비 안 하셨어요?" 물었더니, "저희가 하려고 했는데, ○○보육원 원장님이 출판사로 전화를 주셨어요. 오늘 간식을 준비해서 오시겠다고요"라고 대답하시는 거예요.

제가 앞에서 '품'을 설명할 때 정기적으로 가는 보육원이 있다고 말씀드렸잖아요. 그 보육원 원장님을 말씀하시는 거였어요. 저는 무슨 일인지 영문을 몰랐어요. 경기도 이천에서 서울까지 어떻게 오시겠다는 건지, 간식은 왜 준비하신다는 건지….

하지만 곧 영문을 알 수 있게 되었죠. 원장님이 곧 도착하셨거든요. 제가 몹시 사랑하는 꼬맹이 둘을 데리고요. 원장님께 도대체 어찌된 일이냐고 물었죠.

"그동안 받은 사랑이 너무 커서 내가 할 수 있는 걸 해온 거예요. 이거라도 하고 싶어서요."

원장님은 웃으며 대답하시고는 차에서 간식을 내리셨어요. 제가 보기에는 어떤 유명한 레스토랑의 요리사가 만든 것보다 값지고 예뻤죠. 한 통에는 손질된 과일들이 들어 있었고, 한 통에는 직접 만든 양갱과 빵이 들어 있었어요.

제가 그날 나누려고 준비한 주제가 몇 개 있었는데요, 그중에 하나가 '사랑은 부메랑'이었어요. 공기밥 위에 올려진 돈까스 한 조각 사진도 보여주며 이야기하고요, 그날 부메랑으로 돌아온 간식도 이야기했죠.

"오늘의 이야기를 준비하며, 이 주제에 적합한 이야기가 또 없나 고민했는데, 오늘 이렇게 실제로 보네요. 감사와 감동이 넘칩니다."

이런 말을 했죠. 글을 쓰다 보니 그날의 감동이 다시 떠올라 가슴이 벅차네요.

사랑은 이렇게 돌아와요. 예상치 못한 순간에 돌아와 우리를 놀래키죠. 그 사랑은 예상할 수 없을 만큼 우리의 영혼을 적셔주죠. 우리가 돌아온 사랑을 느끼지 못할 수도 있고, 우리가 자리를 비울 때 돌아와 확인하지 못할 수도 있어요. 다른 방식으로 돌아갈 수도 있고요.

세상은 A가 B에게 주면 B가 A에게 사랑을 돌려줘야 한다고 말하죠. 하지만 하나님의 나라에서는 A가 B에게 사랑을 주면, B가 A에게 사랑을 돌려주기도 하지만 B가 C에게 돌려주기도 하더라고요. 하나님의 나라에서 사랑의 빚은 사랑을 준 사람에게만 갚는 게 아니라, 이 땅의 사랑이 필요한 이웃들에게 갚을 수도 있는 거니까요.

저도 어떤 방법으로 어떻게, 언제 돌아올지는 몰라요. 하지만 어떤 방법으로든 분명히 돌아와요. 우리의 예상보다는 더 확실하게, 우리의 계획보다는 더 놀랍게요. 그러니까 우리 함께 그 부메랑을 기대하고 기도하고 기다려봐요.

사랑에서 온다

사랑하는 언니가 말했다.
"써나야, 맘 가는 대로 사랑하며 살자!"

내가 대답했다.
"네, 언니!
그래도 아직은
사랑에 마음이 가서 다행이에요."

타지마할을 보았다.
타지마할을 보러 온 게 아니라
맘 가는 대로 사랑하러 왔더니
타지마할이 있었다.

그저 사랑했을 뿐인데
그 사랑이 주는 보너스는
감히 상상할 수도 없을 만큼
크고 찬란하고 눈부시다.

사랑에서 온다.

아이들의 마음을 여는 진심도
함께 나눌 수 있는 위로도
타지마할 같은 보너스도
다시 사랑할 수 있는 힘도

다,
사랑에서 온다.

아직은 사랑에 마음이 가서,
참 다행이다.

사랑의 다이어리: 써나쌤이 교사를 하며 적어둔 일기 중에서 선생님들의 '사랑'과 하나 되기를 소망하며 '사랑'이란 키워드로 엮은 다섯 편의 글입니다.

부메랑

패밀리 레스토랑에서 알바를 해서 용돈을 충당하는 기특한 제자에게 선물을 받았다. 상자 안에는 틴트와 팩이 들어 있었다. 틴트는 여고딩들의 필수품으로 남자친구와 헤어져서 울다가도 시간이 되면 자기도 모르게 바르게 된다는 중독성이 강한, 입술에 바르는 색소다. ^^

선물도 선물이지만, "저는 언제나 선생님 편이에요"라는 문장이 적힌 편지가 넘 좋았다.

"나는 언제나 네 편이야"라고 말해주곤 했는데, 네가 어느새 성장해서는 내 편이 되어주는구나.

이렇게 사랑은 꼭 핑크색 풍선이 되어 돌아온다. 난 입김을 불어넣었을 뿐, 이렇게 크게 부풀어오를 줄은 몰랐는데, 이번에도 이렇게 크다. 가슴이 벅찰 만큼.

식구

그 녀석은,
자신이 기억하는 삶의 처음부터
자신이 살고 있는 지금까지를
어떤 흥분도, 어떤 동요도 없이 쏟아냈다.

한 단락이 끝날 때마다 잠시 숨을 몰아쉬고
자신의 시작을 설명하기 위해
어쩔 수 없이 부모의 부정적인 얘기를 하는 것이
부모에게 미안하다는 사과를 날숨으로 뱉었을 뿐

그 녀석은,
한 시간 동안 아주 천천히 이야기를 다하고
밥숟갈을 들고 밥을 한 술 찌개를 두 술 떠먹었다.

마음이 이상해요.
한 번도 내 얘기를 한 적이 없는데
하고 나니까 가슴이 시원해요.

진짜 얘기하고 싶을 때는 많았는데
어디서부터 얘기를 해야 들어줄지 몰랐어요.
아, 들어줄 사람이 없었던 건가?

그러고는 웃는다.

나는,
혹여 내 가슴이 아린 걸 들킬까 봐 따라 웃는다.

밥 먹어. 밥 먹어야 살지.
밥 먹어야 꿈꾸지.

녀석의 먹는 모습을 보는 동안,
고여버린 눈물을 쏟아낼 수 없어 목구멍이 따가웠다.

그날 이후,
녀석은 날 보면 웃는다.

넌 분명히 잘 될 거야.

넌 그래서 안 하는 사람이 아니라

그래도 하는 사람이니까.

나도 웃는다.

웃으며 졸라댄다.

마음속으로 기도를 올린다.

하나님, 당신은 꼭 살아 있어야 해요.

당신이 살아 있어야 저 녀석이 진짜 웃을 수 있을 거 같아요.

저건 글자로 배운 웃음이잖아.

마음으로 깨달은 웃음이 아니야.

내게 그랬던 것처럼 저 녀석에게도 꼭 알려줘요.

당신이 살아서 저 녀석과 함께한다는 걸.

그래서 진짜 웃게 해줘요.

아직도 아린 가슴 속에서 하늘이 웃는다.

그냥 선생님

경찰이 물었다.

"아이와 무슨 관계예요?"

"그냥 선생님이요."

"학교요?"

"아니요."

"학교 선생님도 아닌데 뭘 그렇게 찾아요?"

"죽어도 되는 사람은 없으니까요. 우선 아이 좀 같이 찾아주세요."

경찰차를 타고 아이를 찾으러 다녔다. 불과 몇 분 후, 술집 앞에서 담배를 물고 있던 아이를 발견했다. 왜 여기 있었냐고, 죽은 줄 알았다고 울먹이는 나에게 아이가 물었다.

"그게 너랑 무슨 상관인데?"

경찰은 아이보다 내 정체를 궁금해했다. 아이가 '너'라고 부르는 '그냥 선생님'. 이 여자는 뭘까, 라는 경찰의 생각을 읽을 수 있었지만 답할 수는 없었다.

그러게, 나는 뭘까? 겨우 이 소릴 들으려고 이 밤에 미친 사람처럼 아이를 찾으러 다녔을까?

"나도 모르겠다. 내가 무슨 상관인지… 그런데 살았으니 됐다. 다 괜찮아, 이제."

경찰은 임무를 마치고 돌아가고, 아이는 알바하는 식당으로 들어가며 말했다.

"왜 여기까지 와?"

"왜 도망가? 나 달리기도 열나 못하는데."

"그러니까 왜 오냐고. 그냥 위로해달라고 연락한 거야."

"아, 미안해. 몰랐어. 와달라는 줄 알았어. 위로, 지금해도 돼?"

"해봐."

"너 엄청 예뻐. 나도 엄청 살기 싫었는데 살아보니 생각지 못했던 행복도 있더라. 그것도 아주 많이! 그러니까 복잡하게 생각하지 말고 살아줘. 부탁해."

"시발."

"그래, 시발. 욕 나오게 예쁘니까 살자고."

"알바 가야 해. 이거 받아."

아이가 라이터를 내 손에 쥐어주었다.

"이거 뭔데?"

"바보야? 내가 담배 가지고 있고, 언니한테 라이터 주는 거잖아. 뜻, 모르겠어?"

"대박! 나를 사랑하게 됐구나. 평생 간직해야지."

"또라이!"

"그래, 맞다. 제정신이면 이러고 살겠니?"

아이는 알바하는 식당으로 들어갔고, 나는 식당 앞에 한참을 서 있다가 돌아섰다.

나는 뭘까? '너'에서 '언니'로 업그레이드 된 '그냥 선생님'. 그래, 오늘도 그거면 됐다.

아이에게 메시지가 온다.

"언니! 배고파!"

"왜 밥을 굶고 지랄이야! 어디야?"

날이 갈수록 욕만 늘어난다. 이렇게 욕하는 선생님이 어디 있나? '그냥 선생님'보다 욕하는 '언니'가 맞겠다.

오늘도 아이가 답이다.

생명이, 정답이다.

정말 사랑하나요

새로 하게 될 교사 강의의 주제를 이렇게 정했다.
그리고 첫 강의.
엘리베이터에 붙어 있는 포스터를 보면서
자꾸 나에게 묻게 되더라.

정말 사랑하니?

'사랑했니?'라고 바꾸고 싶다면 그만 떠들자.
'사랑하고 있니?'라는 질문에 떳떳할 수 있겠니?

언제나 이렇게 내가 떠들려고 만든 강의는 나를 괴롭힌다.
정말 사랑하고 있을 때까지만 사랑을 떠들 수 있다면 좋겠다.
계속 떠들 수 있게 계속 사랑할 수 있다면 원없이 좋겠다.

나는,
정말 사랑하고 있나?

3부

마음이면 돼요

천국까지 함께
가고 싶은 마음이요

우리가 걷는 이 길이 참 좁은 길이잖아요. 저는 이 좁은 길을 가며 느낀 게 두 가지 있어요.

하나는, 계속 가야 한다는 거예요. 지금까지 걸었던 경력과 노하우가 있어도 소용없어요. 계속 걸어야지, 멈춰 있으면 안 되는 길이에요. 가끔은 지쳐서 도저히 못하겠다고 소리를 지르기도 하죠. 가끔은 이제 그만해도 될 것 같다는 생각에 뒤돌아 돌아온 길을 보며 서 있기도 하고요. 굳이 이 힘든 길을 갈 필요가 있겠나 싶어 조금 편하게 가보려고 꼼수를 쓰기도 하죠. 하지만 소용없어요. 그냥 계속 가는 수밖에 없어요. 천국 갈 때까지 이 길을 걸어야 하는 것도 우리의 소명이라고 생각해요.

두 번째는요, 이 길이 참 좁은데도 함께 가면 좁다는 걸 느끼지 못한다는 거예요. 아이들을 보며 걷느라 길의 넓이를 생각할 겨를이 없어서 그런 건지도 몰라요. 분명히 혼자 걸어도 답답할 만큼 좁은 길인데, 함께 손잡고 가면 이 길이 좁은지 모르고 잘 걷고 있는 저를 발견할 때가 많았거든요.

참 신기하고 기쁜 일이죠. 그래도 저는요, 천국까지 함께할 생각은 없었어요. 천국에서는 혼자 글쓰고 싶었거든요. 혼자 음악 들으며 저 자신만 생각하는 이기적인 천국을 누리고 싶었어요.

이 땅에서 이 정도 부대끼며 살면 됐지, 천국에 가서도 그런다면 너무 싫더라고요. 어떤 분이 저에게 천국 가면 넓은 집이 있을 거라고 하셨는데, 제가 싫다고 했어요. 청소하기도 어렵고 거기서도 북적대고 싶지 않다고요. 그저 열 평 정도의 집에서 저 혼자 뒹굴고 싶다고요. 말씀하셨던 분이 엄청 어이없어 하셨는데 저는 진심이었어요.

그런데 한 아이를 만나서 그 아이 덕분에 이 생각이 바뀌었어요. 아이들과 천국까지 함께 가야겠다는 생각이 마음속에 자연스레 자리를 잡았어요. 어떤 아이를 만났는데 그랬냐고요? 지금 말씀드릴게요.

어느 봄, 지방에서 청소년들을 위한 토크 콘서트를 열었을 때 인상 깊은 아이가 있었어요. 사인회를 하는데 악수를 계속 청하는 거예요. 그 아이와 악수만 열 번쯤 한 거 같아요. 이름은 김진심(가명). 나이는 열여덟 살. 키가 작고 마른 체구의 남자아이였어요. 표정이 개구지고 밝아서 기억에 남았죠.

그해 여름, 그 지방에서 열리는 연합수련회에 강사로 참여했어요. 그 많은 아이들 중에 눈에 띄는 아이가 있었죠. 바로 토크 콘서트에서 만났던 진심이었어요. 저는 너무 반가워서 다가가 인사를 건넸어요.

그런데 이상했어요. 그렇게 밝던 아이가 얼굴에 먹구름을 드리우고 있는 거예요. 인사도 고개만 끄덕하고요. 말도 없었어요. 무슨 일이 있나 걱정되더라고요. 그 이후로 마주쳤는데도 계속 우울한 표정이었고요.

다음날, 제가 오전 강의를 맡았어요. 강의를 하고 내려오니 스태프가 상담 신청이 왔다며 신청자의 이름과 연락처, 출석 교회, 상담 시간과 장소를 적어서 주었어요. 이름을 보고 놀랐죠. 바로 진심이었어요. 저는 정말 무슨 일이 있는 모양이라고 생각했죠. 저는 정해진 상담 시간에 상담실에서 진심이를 기다렸어요.

진심이는 전날보다 더 풀이 죽은 모습으로 들어왔어요.

"어서 와. 여기 앉아."

진심이는 제 말에 대답도 없이 앞자리에 앉았어요.

"진심아, 무슨 얘기가 하고 싶어?"

진심이는 또 대답이 없었어요. 잠깐 침묵이 흘렀죠.

"진심아, 작가님은 내내 이렇게 기다려도 되는데 상담 시간이 한정되어 있어. 미안하지만 얘기를 해주면 좋겠어. 아니면 다음에 다시 만나야 해."

진심이는 고개를 끄덕이더니 힘들게 입을 열었어요.

"제가 쉼터에 살아요. 네 살 때 쉼터에 맡겨졌어요. 그런데 쉼터가 없어진다고 해서 다른 쉼터로 옮겨 갔어요. 몇 년 후에 그 쉼터에도 문제가 생겨서 지금 있는 쉼터로 왔고요. 지금 있는 쉼터가 교회에서 운영하는 곳이라 교회에 다니고 있어요. 교회 예배팀에서 드럼도 치고 학생부 임원도 해요."

"와, 그렇구나. 대견스럽네. 그런데 진짜 하고 싶은 얘기는 따로 있지?"

"네… 엄마는 열여덟 살, 아빠는 서른다섯 살에 결혼했대요. 그런데 제가 세 살 때 아빠가 사라졌대요. 아무 말도 없이 집을 나간 거예요. 엄마는 아빠가 올 거라 믿고 기다렸는데 아빠는 오지 않았어요.

천국까지 함께 가고 싶은 마음이요

1년쯤 지나서 돈도 다 떨어지고, 엄마가 일을 하러 나가야만 했어요. 그래서 엄마가 저랑 형을 쉼터에 맡겼어요. 형은 두 번째 쉼터까지는 같이 있었는데, 지금 쉼터로 옮길 때쯤 헤어졌어요. 엄마도 형도 돈을 벌어서 온다고 했는데 오지 않았어요.

그런데 얼마 전 엄마가 찾아온 거예요. 학교가 끝나고 쉼터로 들어가는데, 쉼터 앞에 어떤 아줌마가 서성이고 있었어요. 제가 지나가다 그 아줌마랑 눈이 마주쳤는데, 진짜 신기하죠. 엄마라는 걸 바로 알겠는 거예요. 저에게 엄마는 꼬깃한 사진 한 장, 그 사진 속에 있는 사람이었는데요. 그 사진하고 지금 모습이 똑같지도 않은데 딱 알아보았어요.

'저기… 제가 진심이에요' 하고 말을 걸었는데, 엄마가 눈물을 뚝뚝 흘렸어요."

"원망스러웠지?"

제가 물었어요.

제가 진심이라면 그럴 것 같았거든요. 15년 만에 찾아온 엄마가 많이 밉고 원망스러웠을 것 같아요. 그런데 진심이는 아니었어요.

"아니에요. 좋았어요."

"왜?"

"저희 쉼터에 엄마가 찾아온 사람은 저 혼자예요. 친구들에게 미안하지만 너무 좋았어요."

"그랬구나… 착하네, 진심이… 그래서 지금은 엄마랑 자주 만나?"

"자주는 아니고요 한 달에 두 번이요. 엄마는 아빠가 아닌 다른 아저씨랑 살거든요. 그분은 제가 있단 걸 모른대요. 그래서 한 달에 두 번만, 한 번은 엄마가 나한테 오고, 한 번은 내가 엄마 동네로 가서 만나요.

엄마를 다시 만나고 몇 번 만났을 때 물어봤어요. 교회 다니냐고요. 교회를 다니면서 엄마도 하나님 믿었으면 좋겠다고 생각하고 기도했거든요. 그런데 너무 기쁘게도 엄마가 교회를 다닌다는 거예요. 다음에 만날 때 엄마가 다니는 교회에 같이 가보자고요. 저는 진짜 너무 기뻤어요.

드디어 엄마가 다니는 교회에 갈 날이 왔어요. 예배팀을 해야 하는데, 목사님이 다녀오라고 허락해주셨어요. 목사님도 같이 기뻐해주셨어요. 저는 정말 엄마랑 같이 교회 다니는 애들이 부러웠거든요. 그런데 그렇게 기회가 왔으니 얼마나 기뻤겠어요. 너무 신나고 좋았어요.

그런데요… 엄마가 다니는 교회에 같이 갔는데 조금 이상한 거예요. 딱 뭐가 이상하다고 말하긴 어렵지만 이상했어요.

우리 교회랑 분위기도 다르고 예배도 달랐어요. 그래서 교회 사진을 찍어서 목사님께 보여드리며 여쭤봤어요. 여기 괜찮은 교회냐고요. 그랬더니 목사님이 이단이래요. 거긴 교회가 아니래요. 하나님의 교회라고 써 있었는데 아니래요. 어떤 사람이 자기가 하나님이라고 우기는 그런 데래요. 저는 충격이 심했어요. 눈물만 났어요."

진심이는 그 말을 하며 눈물을 흘렸어요. 저는 티슈를 건네며 말했어요.

"그랬겠다. 충격이었겠어. 너무 슬펐겠어."

"네… 저는 엄마랑 같이 천국 가고 싶었거든요. 여기서 같이 못 살았으니까 천국에서는 같이 살고 싶었거든요. 그런데 그렇게 이상한 교회… 아니 교회 아닌 데를 다니면 천국에 못 가잖아요. 사람을 우상으로 섬기면 안 되는 건데 거긴 그런 데래요… 어떡해요… 우리 엄마… 엄마랑 천국 못 가면 저는 어떡해요…"

진심이는 하염없이 흐르는 눈물을 티슈로 닦으며 말했어요. 저도 눈물이 났어요. 이번에는 진심이가 저에게 티슈를 건넸어요. 저도 티슈로 눈물을 닦으며 말했어요.

"진심아, 아직 시간 많이 있어. 엄마가 열여덟 살에 널 낳으셨으면 지금 나이도 작가님보다 더 어린데? 하나님이 데려가시는 시간을 우리가 알 수는 없지만, 그래도 아직 시간이 많이 있을 거야. 그러니까 우리 같이 매일 기도하자. 그리고 거기서 엄마가 나오실 수 있게 방법을 생각해보자. 이단에 대해 잘 알고, 거기서 나온 분들을 돕는 분도 있어. 너희 목사님과 의논해서 엄마가 나올 수 있게 해볼게. 그러니까 염려 말고 기도하자. 엄마랑 꼭 같이 천국 갈 수 있을 거야."

"정말… 그렇겠죠?"

"그럼, 정말 그럴 거야, 꼭 그럴 거야."

"네, 고마워요, 작가님."

"나도 고마워, 이렇게 아픈 이야기를 해줘서."

진심이는 고개를 끄덕였어요. 우리는 조금 더 울다가 정해진 상담 시간을 넘겨버렸어요. 스태프의 연락을 받고 같이 상담실을 나왔죠.

저는 그날 저녁 예배 때 엄청 많이 울면서 회개했어요. 쉬키들을 사랑하는 마음은 진짠데, 정말 천국을 같이 갈 생각은 못했다고요. 천국에서라도 혼자 쉬고 싶었다고요. 정말 죄송하다고요. 정말 잘못했다고요. 하지만 이제 달라졌다고요. 진심이 덕분에 쉬키들과 천국까지 함께 가고 싶어졌다고요. 진심이도 엄마랑 함께 천국 가게 해달라고요. 정말 많이 울면서 기도했어요.

그리고 생각해보니까 제가 정말 어리석었더라고요. 만약에 천국에 제 쉬키들이 없으면 제 마음이 천국일 수 없잖아요. 저는 천국에 있고 쉬키들은 지옥에 있다면, 제가 천국에 있다 해도 제 마음이 지옥이지 않겠어요? 사랑하는 사람들을 두고 혼자만 천국에 간다는 건 너무 슬픈 일이잖아요. 그곳이 천국이라고 좋아할 수가 없잖아요. 기뻐할 수가 없잖아요. 그 생각을 왜 해보지 못했을까요?

진심이 덕분에 그 생각에 마음이 닿으니 사랑하는 쉬키들과 함께 천국 가고 싶은 마음이 더욱 간절해졌어요. 진심이한테 두고두고 참 고마워할 일이죠.

선생님도 고마우시죠? 진심이가 아니었다면 제가 이 마음을 이 책에 담지 못했을 테니까요.

지금, 1분이라도 기도해주세요. 진심이와 진심이 엄마가 함께 천국에 갈 수 있게 해달라고요. 이름은 가명으로 적을 수밖에 없지만, 가명을 말하며 기도해도 하나님은 누군지 아실 테니까요.

그리고 이어서 더 기도해주세요. 선생님과 아이들이 함께 천국에 가게 해달라고요. 선생님이 천국까지 아이들과 함께 가고 싶은 마음을 잊지 않게 해달라고요.

꼭 자주 기도해주세요. 천국에서 마음까지 천국일 수 있게, 천국에서도 함께 천국을 누릴 수 있게….

지금의 천국을
사는 마음도 중요해요

천국까지 아이들과 함께 가는 것, 참 중요한데요. 저는 그보다 먼저 우리의 지금이 천국이었으면 좋겠어요. 맛집도 가서 먹어봐야 또 가고 싶잖아요. 아이들이 천국을 이 땅에서 맛본다면 천국을 가고 싶은 소망이 더 간절해질 거예요. 이 땅에서 지옥만 살다 보면 천국이 어떤지 감이 올 리가 없잖아요. 우리 함께 천국을 누려봐야 함께 천국에 가고 싶다는 마음이 뭔지 함께 알게 되는 거잖아요.

그런데 우리는 왜 계속 지옥일까요? 좋은 대학에 못 가서, 승진을 못 해서, 아파트를 못 사서 지옥이죠.

아이들은 왜 계속 지옥일까요? 성적이 나빠서, 말썽을 부려서, 등급이 매겨져서 지옥이에요.

성경에서는 분명히 우리 가운데 하나님의 나라가 있다고 했는데(누가복음 17:21), 우리는 '주 예수와 동행하니 그 어디나 하늘나라'(새찬송가 438장)라고 찬송가를 부르기도 하는데, 왜 우리 가운데 천국이 없을까요? 지금이 지옥이라도 조금씩 천국으로 향하기를, 우리의 마음만은 천국이기를, 주님과 함께하는 우리 안에는 천국이 있기를 바라고 노력해야 하지 않을까요?

제가 극동방송에서 일했던 적이 있어요. 4년 정도 드라마를 썼어요. 청취자들의 사연을 받아 드라마 극본을 썼던 건데 어떤 주제로 사연을 받았냐면요, '천국을 사는 사람들'이었어요. 그게 드라마 전체를 아우르는 제목이기도 했고요. 처음 그 주제로 사연을 모집한다는 공고를 냈을 때, 저는 기대했어요. 정말 행복하게 사는 사람들, 누가 봐도 행복한 사람들, 사람들이 보기에도 천국을 살고 있다고 인정하는 사람들이 사연을 보낼 거라 생각했거든요.

그런데 아니었어요. 한번은 교통사고로 한쪽 다리를 잃은 분이 사연을 보냈어요. 본인이 처음으로 집에서 쉬게 되면서 성경을 읽게 되었다고요. 다리를 잃었지만 말씀을 묵상하며 지낼 수 있는 지금이 천국이라고요. 어떤 분은 사기를 당해서 집을 잃었어요. 그런데 교회에서 작은 방을 하나 내주었대요.

그 방에서 가정예배를 드리는데 그렇게 눈물이 나더래요. 너무 행복해서요. 너무 천국 같아서요.

저는 이런 사연들을 읽으면서 참 많이 울었어요. 반성도 많이 했어요. 천국은 조건과 상황이 나아져야 오는 게 아니구나, 내가 잘못 생각하고 있었구나, 지금 이대로 도래하는 것이 천국이라는 것을 알게 되었죠. 물론 쉽지 않아요. 우리는 빨리 뛰어가야 이긴다는 속삭임을 들으며 세상에서 살고 있으니까요.

그래서 두 가지만 질문드리려고요. 우리가 있는 이 자리에서 조금 더 천국으로 가기 위한 질문이에요.

생각보다 아름답다는 것, 아세요?

선생님이 생각하기에 선생님은 어떠세요? 아이들 표현대로 오징어인가요? 너무 구워졌어요? 너무 불어 있나요? 나이도 고스란히 묻어 있어요? 그런대로 썩 괜찮지 않아요? 선생님이 선생님을 어떻게 생각하는지 모르겠지만요, 제가 확실히 말씀드릴 수 있는 건 선생님은 선생님이 생각하는 것보다 훨씬 아름답다는 거예요.

법의학자 겸 아티스트인 길 자모라(Gil Zamora, 이하 자모라)가 실험을 했어요. 무슨 실험이냐면요, 한 사람씩 방에 들어와 의자에 앉으라고 한 후에 자신의 모습을 설명하게 한 거예요. 자모라와 실험 대상자 사이에는 블라인드가 있어서 서로를 볼 수 없었고요. 자모라는 실험 대상자가 설명하는 대로 그의 모습을 그렸어요. 그리고 그 사람이 나가면서 다음 사람과 인사를 나누었고요. 다음 사람이 들어와서 방금 나간 사람을 설명했어요. 그런 다음에 앞 사람이 한 것처럼 자신의 모습을 설명했죠.

자모라는 이런 실험을 거쳐 한 사람당 두 장의 그림을 완성했어요. 한 장은 자신이 설명한 자신, 다른 한 장은 다른 사람이 설명한 자신의 그림이죠. 민수라는 사람이 실험에 참여했다고 가정하면, 민수는 민수가 설명한 민수를 그린 그림, 유미가 설명한 민수를 그린 그림, 이렇게 두 장을 가지게 되는 거예요.

그렇게 여러 명의 실험이 끝난 후, 두 장의 그림을 나란히 붙여서 사람들에게 보여주었어요. 왼쪽에는 자신이 설명해서 그린 그림을, 오른쪽에는 남이 설명해서 그린 그림을요. 그 그림들을 한눈에 보니 공통점이 보였어요. 왼쪽 그림은 뭔가 우울하고 퉁명스러워 보였어요. 오른쪽 그림은 왼쪽 그림보다 훨씬 밝고 아름다웠어요. 우리는 우리의 생각보다는 훨씬 아름답다는 것! 그 실험을 통해 알게 된 사실이죠.

선생님은 알고 계셨어요? 저는 몰랐어요. 저도 제가 참 마음에 안 들었던 사람 중 하나거든요.

그런데 내가 나를 예뻐해야겠더라고요. 내가 나를 사랑해야겠더라고요. 쉬키들과 함께 천국을 살고 싶은데, 내가 내 모습조차 사랑하지 못하는데 어떻게 천국을 살겠어요. 내가 미운데 어떻게 이웃을 사랑하며 살겠어요. 그렇게 할 수 없겠더라고요.

무엇보다 나는 하나님의 귀한 자녀잖아요. 선생님도 그렇잖아요. 하나님이 아름답다고 예쁘다고 말씀하는 자녀인데, 우리가 뭔데 우리를 아름답지 않다고, 밉다고 하겠어요. 그럴 자격은 없더라고요. 그럼 하나님이 사랑하는 나에게 참 예쁘다고 아름답다고 해줘야겠더라고요. 그래서 저는 저에게 말해줘요.

"선화야, 너 정말 예쁜 사람인 거 알지?"

"선화야, 너 참 아름다워. 꼭 기억해!"

이렇게요. 누가 들으면 자아도취가 심한 사람인 줄 알겠지만, 누가 듣지 않을 때는 저에게 해줄 수 있잖아요.

제가 저에게 실망할 때는 더 크게 말하곤 해요. 가족이 있어도, 친구가 있어도 혼자인 것 같은 순간이 있잖아요. 외로움이 엄습해서 저를 붙잡고 놓아주지 않는 순간이요. 그럴 때도 주문처럼 말해요. 자꾸 의식하며 떠올리지 않으면, 이 세상에서 살면서 인간이 자신을 사랑하기는 너무나 힘든 것 같아요.

선생님도 자꾸 떠올려주세요. 의식하며 말해주세요. 자신이 얼마나 예쁜지, 얼마나 아름다운지….

제가 장담하지만, 선생님은 선생님의 생각보다 아름다우세요. 살이 쪘다고요? 그게 뭐 어때서요. 그 살이 얼마나 돈을 많이 들인 살인데요. 먹은 쌀이 얼마며 먹은 고기가 얼마예요? 엄청 비싼 살이에요. 그렇게 돈 들일 땐 언제고 이제 와서 싫대요. 그거 배신이에요. 배신하지 마세요. 살은 정직하게 우리에게 붙어 있을 뿐이에요. 사람은 끄떡하면 떠나는데 살은 떠나라고 해도 안 떠나고… 얼마나 기특해요. 우리는 살에게 고마워해야 해요.

돈을 조금밖에 못 번다고요? 에이, 그러고 싶어 그런 건가요? 진짜 많이 벌고 싶잖아요. 쉬키들 치킨도 많이 사주고, 가족들에게도, 이웃들에게도 더 베풀고 싶잖아요. 그런데 안 되는 걸 어떡해요. 그럼에도 정말 열심히 일하고 있는 자신을 칭찬해줘야죠.

지금의 천국을 사는 마음도 중요해요

선생님이 선생님의 친구였다고 생각해보세요. 그럼 백 번 천 번 칭찬해줬을 거 아니에요. 그런데 왜 자신은 칭찬해주지 않아요? 세상의 처음부터 끝까지 나와 같이해줄 친구는 나뿐이에요. 진짜 좋은 친구를 적으로 만들지 말자고요, 우리. 지금부터라도 칭찬해주세요. 정말 열심히 잘하고 있다고요. 너 수고한 건 누구보다 내가 잘 안다고요.

수고하며 사는 건 맞는데, 노력해도 바꿀 수 없는 문제가 있다고요? 아, 키가 너무 작다고요? 키 커서 뭐하게요? 구름이랑 친구하게요?

키가 너무 크다고요? 잘 보이고 좋죠, 뭐. 높은 데 있는 물건도 잘 꺼내고, 편한 것도 많잖아요. 불평하지 마세요. 키 작은 친구가 들으면 인연 끊을지도 몰라요.

취업을 못했다고요? 못했지만 못할 거는 아니잖아요. 앞으로 할 건데요, 뭐. 과거형이지 미래형은 아니잖아요. 지금 다 이루어지면 앞날이 너무 재미없잖아요. 이제 할 거예요. 그러니까 자신을 그만 질책하고 응원해주세요.

또 어떤 점이 마음에 안 드신다고요? 에이, 그러지 마세요. 우리가 뭐 마네킹인가요? 완벽한 비율로 만들어질 수는 없는 거잖아요. 물론 하나님이 만드시다가 잠깐 졸았는지 궁금하기도 하고, 만드시다가 귀찮아서 대충 마무리를 지으신 것 같다는 생각이 들기도 하죠.

저도 그래요. 대학교에 입학했을 때 선배들이 수영 선수 출신이냐고 그랬거든요. 어깨가 넓다고 놀린 거예요. 운동장이라는 별명도 있었어요. 이마가 넓어서요. 그래서 하나님이 내 어깨를 만드시다가 좀 깎는다는 걸 잊으셨나 싶기도 하고, 이마에 머리카락을 심다가 잠깐 주무셨나 싶기도 해요. 그래도 뭐, 좋은 점도 많아요. 누가 어깨를 밀쳐도 끄떡없고요, 머리를 묶으면 여름엔 시원하고 겨울엔 더 시원하고요.

무엇보다 저는 하나님 쉬키라서 괜찮아요. 하나님이 너무 마음에 든다고, 너무 예쁘다고 하는 하나님 쉬키잖아요. 선생님도 그렇잖아요. 하나님이 우릴 예쁘다는데 우리가 안 예쁘다고 뭐라고 하면 안 되는 거라니까요.

우린 누가 뭐래도 예뻐요.
멋져요.
아름다워요.

적어도 우리가 거울 속에서 발견하는 우리보다는, 적어도 우리가 생각하는 우리보다는 괜찮아요.

참 잘하고 있어요.

이제는 알아주세요. 우리를 예쁘다 하시는 그분의 마음과 정말 수고하고 있는 자신의 마음을….

누가 뭐래도요, 선생님은 선생님의 생각보다 아름다우세요. 정말이에요. 저 교회 다녀서 거짓말 안 하거든요. 꼭 믿어주세요.

생각보다 큰 일을 하고 있다는 것, 아세요?

교사가 봉사계의 3D 업종이라는 말이 있었죠. 힘들고(Difficult), 더럽고(Dirty), 위험한(Dangerous) 일이라는 뜻이에요. 정말 공감이 되는 말이기도 하죠. 회의에 공과에 시간과 체력이 많이 들고요, 이것저것 치울 일도 많고요, 장난꾸러기들 보호하다가 되려 위험해지기도 하고요.

사실 지금 교사를 하고 계시다는 것만으로도 엄지척 해드리고 싶어요. 정말 아무나 할 수 있는 일이 아니거든요. 사명감이 있어도 사라질 만한 일이기도 하고요. 왜 이렇게 힘들게 계속 하고 있나 자괴감이 들 때도 있죠. 그만큼 보람도 기쁨도 있지만, 그렇다고 힘들지 않은 건 아니니까요.

제가 처음 거리의 써나쌤으로 돌아다니며 아이들 치킨 먹이고 다닐 때요, 누군가 물었어요.

"그렇게 힘든 일을 어떻게 하세요?

저는 잘 모르겠다고 대답했더니, 또 다른 누군가 그러더라고요.

"힘들어도 좋으니까 하는 거죠."

그 말을 들으니 고개가 끄덕여지더라고요. 맞는 말이에요. 싫으면 어떻게 하겠어요. 좋아서 하는 거죠. 하지만 좋다고 힘들지 않은 건 아니에요. 힘들어도 좋아서 할 뿐이죠.

선생님도 그렇지 않으세요? 힘들다, 내년엔 못하겠다 하면서도, 좋으니까… 애들도 좋고, 함께하는 교사들도 좋고, 그 자리가 어떤 이유든 좋으니까 하는 거죠. 아무리 전도사님이 발목을 잡는다고 해도 싫으면 안 할 거예요. 어떻게든 거절하고 말 거예요. 하지만 다시 또 그 자리에 있게 되는 것, 힘들어도 좋으니까, 아닐까요?

그래도 대단하신 거예요. 좋아서 하더라도 힘들지 않은 자리는 아니니까요. 하지만 그건 모르시는 것 같아요. 뭐냐고요? 선생님의 생각보다 선생님이 큰 일을 하고 계시다는 거요. 그걸 모르시는 분들이 많더라고요. 저도 몰랐었고요. 선생님은 알고 계시나요?

지금의 천국을 사는 마음도 중요해요

한 녀석이 있었어요. 그 녀석도 먹튀였어요. 이 책에만 세 명의 먹튀가 나오네요. 그러니 제 삶에 얼마나 많은 먹튀가 있다는 소리겠어요. 그 쉬키들이 먹튀인 것마저 사랑스러우니 제가 문제죠, 뭐.

이번에 얘기할 녀석은 제 쉬키들하고 함께 만나게 되었는데요, 함께 모여도 별말 없이 먹고 그냥 가요. 따로 만나도 먹고 그냥 가고요.

'민호(가명)야, 뭐해?'

'피시방이요.'

'무슨 겜하는데?'

'오버워치요.'

'밥은 먹었어?'

'아뇨.'

'그럼 나와.'

이렇게 문자를 주고받다가 녀석이 나와요. 문자도 길지 않았지만 대화는 더 그랬어요.

"뭐 먹고 싶어?"

"햄버거요."

"그래, 거기로 가자."

그리고 녀석은 저와 같이 가서 메뉴를 시켜서 먹고는 "그럼 갈게요" 하고 갔어요.

웃기죠? 저는 이런 모습도 귀여워요. 그게 정말 큰 문제인 거 같아요. 그렇게 1년을 넘게 만난 거예요. 그런데 저도 사람이잖아요. 시간이 길어지니 슬슬 지쳤어요.

'이 녀석은 진짜 마음을 안 열 건가?'

'이제 이 녀석은 포기해야 하나?'

솔직히 이런 생각이 들기도 했어요.

그러던 어느 날, 이런 생각을 했다는 게 너무 미안한 일이 일어났어요. 그 녀석이 교통사고가 났다는 소식을 들었거든요. 그것도 다른 쉬키한테요.

저는 너무 놀라서 병원으로 달려갔어요. 병원으로 가는 동안, 제가 영혼을 두고 '포기'라는 생각을 했던 게 너무 반성이 되더라고요. 녀석에게도 미안하고요. 아무튼 많이 다치지 않았기를 바라며 병원에 도착했죠. 녀석은 허리가 아프다고 했어요. 골절은 아니라 다행인데, 통증이 심해서 검사를 하고 결과를 기다리는 중이라고 하더라고요.

"너무 다행이다. 진짜 걱정돼서 죽는 줄 알았어."

"네…"

녀석은 밥을 먹을 때처럼 별말이 없었어요. 간신히 몇 마디를 주고받고 있었죠.

"혹시 교회 선생님이세요?"

저의 등뒤에서 누군가 물었어요. 저는 일어나 누군가를 보았죠.

"아, 저희 엄마예요."

녀석이 설명해주었어요.

"아, 안녕하세요. 어머니시군요."

"네, 제가 야간근무가 있어서 늦었어요. 교회 선생님이시죠?"

어머니는 다시 물으셨어요.

"네네, 맞아요. 어떻게 아셨어요?"

"이 녀석 친구들 몇 명 말고는 찾아올 사람이 없으니까요. 정말 감사해요."

"네? 아… 뭘요. 당연히 와야죠."

"정말 뵙고 싶었어요. 이 녀석이 집에 와서 선생님 자랑을 참 많이 하거든요."

어머니는 제 손을 꼭 잡고 말씀하셨어요.

어머니의 그 말씀을 듣자마자 주책없는 눈물이 뺨을 타고 흘렀어요. 너무 민망했지만 이미 나온 눈물을 들어가라고 할 수는 없어서 얼른 닦았죠.

"그렇게 말씀해주셔서 너무 감사해요."

"진짜예요. 선생님 만나고 올 때마다 자랑을 엄청 많이 했어요."

또 눈물이 주책없이 나오려고 해서, 재차 감사하다고 인사를 하고 황급히 병원을 나왔어요. 또 다른 쉬키들과 약속이 있다고 말씀드리고요. 거짓말은 아니었어요. 예상보다 조금 일찍 나오긴 했지만요. 병원 밖으로 나와서 한참을 또 울었죠. 정말 상상할 수도 없는 일이었어요.

그 녀석이, 먹고 튀기만 했던 녀석이 제 자랑을 한다니요. 그렇게 보이지 않는 사랑을 믿는다고 큰소리치던 제가 어느새 또 보이는 것만 믿는 실수를 저지른 거예요. 먹고 그냥 가기만 한다고 마음을 전혀 열지 않았다고 단정짓고 있었던 거예요.

얼마나 반성이 되던지요.

얼마나 회개가 흐르던지요.

병원 앞에서 한참을 웅크리고 앉아 있었어요. 그리고 그 한마디에 힘을 얻어 한참을 더 사랑할 수 있었어요. 시간이 더 지나면서 그 쉬키와 점점 조금씩 가까워졌어요. 저에게 건네는 말수가 많아졌고요. 이제 먹기만 하지 않고 삶도 나누어 주죠.

선생님도 보지 못하셨을 뿐이에요. 선생님이 사랑을 주셨던 아이가 아무 말이 없다고 사랑을 느끼지 못한 건 아니에요. 선생님이 사랑을 준 아이가 성장할 때까지 볼 수 없었을 뿐이지, 그 아이의 마음속에 선생님이 준 사랑은 잘 피어 있어요. 선생님이 준 응원은 잘 빛나고 있어요. 보지 못하니까 없는 것 같고, 아이들 모두를 어른이 될 때까지 보는 게 아니라서 확인할 수 없었을 뿐이에요.

사랑은 사라지지 않아요.
사랑은 실패하지 않아요.

선생님이 준 사랑은 선생님의 생각보다 크거든요. 그러니까 선생님은 선생님이 생각하는 것보다 큰 일을 하고 있는 거예요. 한 영혼의 마음속에 꽃을 피우고 별을 빛나게 하고 있으니까요.

일일이 확인하지 못한다고 꽃이 지는 건 아니잖아요. 어둠 속에서 확인하지 못했다고 별이 빛나지 않는 건 아니잖아요. 선생님은 분명히 큰 일을 하고 있는 거예요. 아이들을 대신해서 감사드려요. 그 자리를 지켜주셔서요.

선생님도 그 자리에, 저도 이 자리에, 그러나 같은 길, 이 좁은 길을 걷다가 하나님의 타이밍에 뵐 수 있다면 좋겠어요. 서로의 눈을 보며 수고했다고, 정말 잘하고 있다고, 우리는 정말 괜찮은 사람이라고, 우리끼리 연대하며 힘을 주고 응원해 줄 수 있다면 좋겠어요.

기도할게요. 우리의 사랑이 사랑이면 되기를. 우리의 마음에 그 사랑이 사라지지 않기를. 이 책이 선생님의 마음에 아름다운 연대로 자리하기를. 우리의 아이들이 빛나기를. 우리도 아이들 사이에서 덩달아 빛나기를.

못난 마음

"나쁜 놈!"

욕해버렸다. 그리고 울어버렸다.

열 손가락 깨물어 안 아픈 손가락 없는데, 때마다 제일 아픈 손가락이 생긴다.

작년에 무지하게 아팠던 손가락이 이제는 안 아프네, 하며 행복해 했는데, 얼마 전부터 아주 매일 아프게 한다. 몇 년 장기 결석한 녀석이 나랑 만나고는 매주 출석하고 얼굴도 밝아지고 참 많이 힘나게 했는데, 3주 연속 결석이다.

이제 안다.

한 마리 양을 품는데, 그저 안긴다고 그 양이 다시 뛰어내려 가지 않는다는 이야기가 아니라는 걸. 다시 문득 뛰어내려 간 양을 다시 들고 품고서 울어야, 어느 날 문득 내가 팔을 벌리지 않아도 양이 내 품에 뛰어오르는 기쁨을 누릴 수 있다는 사실을.

그 사실을 알기에 울지 않고 다시 들고 품으려 했는데, 그만 울어버렸다. 그리고 나쁜 놈, 진짜 쌤이 너한테 이 정도밖에 안 돼, 해버렸다.

가끔 이렇게 양보다 철없는 목자가 된다. 양을 지키기는커녕 늑대에게 내가 먼저 잡아먹힐까 봐 걱정이다.

철없는 목자, 한 마리 양에게 다 뒤집어씌웠지만 사실 오늘은 다 아팠다.

한 마리는 그놈의 입시 때문에 엄마랑 어긋나 그늘을 잔뜩 머금고 있고, 한 마리도 그놈의 입시 때문에 끙끙 소리내며 앓았고, 한 마리는 콧물이 많이 난다고 풀을 뜯으러 나오지 않았다. 그럴 녀석이 아닌데… 콧물은 겉의 이유고, 속의 이유가 더 있을까 봐 무서웠다.

몇 마리가 이렇게 아프게 하니, 안 아프게 하는 양들도 왠지 오늘은 다 짠하고 아팠다.

죄송해요, 라고 해서 죄송하단 말 안 통한다고 소리를 질러버렸다. 진짜 죄송한 녀석이 어떻게 이러냐고… 그럴 거면 알 바고 뭐고 다 때려치라고.

오늘은 내 양들이 다 아프고, 다 밉다.

참을성 없는 목자 만나 고생해서 불쌍하지만, 밉다.

오늘은 나도 어린애처럼 하나님한테 징징거리며 고자질

좀 하고 자야지. 그리고 늑대가 나타나기 전에 정신 차리고 일어나 목장의 문을 잘 지켜야겠다.

내가 소리를 질러도 사랑으로 알아듣는 예쁜 양들 사이에 이 못난 마음을 잘 숨겨놓고, 다시 일어나야지.

마음의 다이어리: 써나쌤이 교사를 하며 적어둔 일기 중에서 선생님들의 '마음'과 하나 되기를 소망하며 '마음'이란 키워드로 엮은 다섯 편의 글입니다..

이런 생각

군대 간 쉬키가 사진 하나를 찾아 보내달라며 난리를 쳤다.
"갑자기 그 사진이 너무 보고 싶어요. 빨리 찾아줘요."
나는 사진첩을 뒤져서 그 사진을 찾아 얼른 보내주었다.

모두 같이 교복을 입고 찍자고 해서
늙은 나도 교복을 입었건만,
전날 술 먹고 못 일어나서 교복도 못 입고 늦게 왔던 녀석.
이 녀석에게도 이 사진이 너무 보고 싶은 추억이 되었나보다.

사진을 주었더니, 녀석은 무척 좋아한다.
"키햐~ 좋네. 개잘생겼다."
그 녀석 덕분에 웃다가 문득 이런 생각이 들었다.

학교를 그만둔 아이들에게도
학교가 좋은 추억이면 좋겠다는.
학교를 다니지 않아도 청소년이라는 걸
세상이 잘 기억하고 있으면 좋겠다는.

천국의 식사

"와~ 쌤이 말한 천국이네요!"

고기를 보는 게 너무 오랜만이라는 쉬키는
고기가 나오자 이렇게 말했다.

"그래, 천국이다. 천국 맞아."

나는 뭉클한 마음을 누르고 웃으며 말했다.

"그래도 엄마 나가기 전엔 자주 먹었던 거 같은데…
아닌가? 너무 오래되서 헷갈리나?"

쉬키는 웃으며 말하는데
도무지 웃음으로 느껴지지 않았다.

기도하고 먹자는 내 말에
젓가락을 내려놓고

눈을 감는 쉬키를 바라보다가
나도 곧 눈을 감았다.

"하나님, 이렇게 천국을 주셔서 감사합니다.
조금씩 더 천국이게 해주세요.
진짜 맛있게 먹겠습니다.
예수님의 이름으로 기도드렸습니다. 아멘."

"아멘."

지옥에서 만나 천국에서 식사를 한다.
한 번에 지옥이 천국으로 바뀌는 마법은 없다.
그러나 아주 조금씩
더 천국의 시간이 길어질 거라고 믿어본다.

그리고 우리는 진짜 맛있게 먹었다.

예배

전국 기능대회 준비하느라
일요일에도 학교를 가야 하는 내 쉬키.
저녁이 되어 학교를 마치면 온다.

오늘 설교 내용을 나누고 삶을 나누고 기도를 한다.
둘만의 예배다.

그리고 치킨을 먹으며 마음에 쌓인 얘기를 쏟아놓는다.
언제나 시간이 모자라다.
삶의 예배다.

대예배만 예배라고 하거나
정통예배만 예배라고 인정하는 분은
거룩하지 않은 이것이 무슨 예배냐고 할지도 모른다.

상관없다.
별소리 다 듣고 살아서 이젠 익숙하다.

쉬키의 이야기를 듣고 기도를 하는데 먹먹해서
말이 잘 나오지 않았고 목이 메어 말을 잘 잇지 못했다.

그냥, 이것이 나에겐
어느 예배보다 진심으로 드린 참 좋은 예배다.

목사님의 설교를 요약해서 전했더니
내 쉬키 눈시울이 붉어지며 그러더라.
"쌤. 진짜 그래요. 진짜 와닿아요."

우리는 함께 눈시울을 붉히며 헤어졌다.
삶의 길, 매일매일 하나님의 계획 안에 거하게 해달라고.
돌아가는 쉬키의 뒷모습을 보며 하늘에 대고 말했다.
"하나님, 누가 뭐래도 예배 맞죠? 우리 예배 잘 드렸죠?"

하늘이 웃고 있다고, 누가 뭐래도 난 믿는다.

이 자리에 있는 이유

고등학생 때부터 다니던 치과가 있다. 얼마 전에도 그 치과에서 치료를 하고 왔다. 그 치과가, 그 치과에 그 선생님이, 여전히 그 자리에 계시다는 사실이 참 든든하다는 생각이 들었다. 그 생각에 꼬리를 물고, 오래만에 만났던 한 쉬키가 떠올랐다.

우리는 밥을 먹었다. 쉬키가 말했다.

"얼마나 든든한 줄 알아요?"
"뭐가?"
"나는 오래 떠났다 왔는데, 쌤은 아직도 이 자리에 있잖아요. 여전히 쉬키들 만나면서."

쉬키가 느끼는 든든함의 이유는 간단했다.
내가 이 자리에 있다는 것.
기억은 시간이 있을 때마다 꼬리에 꼬리를 물고 튀어나온다. 이내 한 쉬키가 또 떠올랐다.
녀석은 약속 시간에 늦어놓고선 오자마자 이렇게 말했다.

"쌤, 이 자리에 있어요!"

쉬키는 그렇게 말하고 싸움을 하러 갔다. 싸움이 더 급했는데, 나에게 그 한마디를 하러 왔던 것이다.

난 그 쉬키의 말대로 그 자리에 있었고, 쉬키는 내가 그 자리에 있는 걸 포기할 즈음 나타났다. 마치 분장을 한 것처럼 여기저기에 멍과 피를 보이며….

"와~ 쌤이 계속 있어줄 거라고 생각은 했는데 진짜 있네!"

그렇게 말하는 쉬키 앞에서 욕하며 울었다. 가끔은 고마움을 그렇게 엉망으로 표현하게 된다.

내가 이 자리에 있는 이유는 간단하다.

언제일지 모르지만 돌아오니까.

돌아오지 않을지도 모르지만 내가 이 자리에 있다는 것이 든든하다는 녀석들이 있으니까.

돌아올 수 없어도 돌아올 자리가 있는 것과 없는 것은 너무나 큰 차이다. 그래서 나는 오늘도 이 자리에 있다. 내일도 이 자리에 있고 싶다.

"쌤, 이제 고기 내가 잘라줄게요."

오랜만에 만난 쉬키는 그냥 돌아온 것이 아니었다.
몰랐는데, 바라지 않았는데, 분명히 성장해 있었다. 내가 잘라주던 고기를 자기가 잘라줄 만큼. 그만큼 많이.

교사, 진심이면 돼요

ⓒ 오선화

초판 1쇄 2018년 3월 19일
초판 9쇄 2025년 9월 10일

지은이 오선화
펴낸이 신은철
펴낸곳 좋은씨앗
출판등록 제4-385호(1999. 12. 21)
주소 서울시 서초구 바우뫼로 156, 402호
영업부 TEL 02-2057-3041 FAX 02-2057-3042
이메일 good-seed21@daum.net
페이스북 facebook.com/goodseedbook

ISBN 978-89-5874-296-8 03230

이 책의 저작권은 저자 및 저자와 독점 계약한 좋은씨앗에 있습니다.
신저작권법에 의해 보호받는 저작물이므로 무단 전재와 무단 복제를 금합니다.